集客で悩み続ける起業家のための
安定して稼ぎ続ける

月100万レシピ

草間 淳哉

SG Books

はじめに

本当は、こんなことは秘密にしておきたいのですが、「もういっそのこと、今のビジネスを辞めてしまおうか」と思ったことが多々あります。

それは、集客が難しくて、頑張っても頑張っても売上げが足りず、ずっとしんどかったからです。

それは、私だけではないと思います。

おそらく、この本を手にしたあなたも、同じように悩まれているのではないでしょうか？

3000円のセミナー集客に四苦八苦

もう少しだけ、私が経験した話をさせていただきます。

今から10年前のことです。ＳＥＯ（検索エンジンで特定のキーワードで上の方に表示されるテクニックのこと）のセミナーを開催しました。

参加費用は３０００円。定員30名のセミナーでした。

必死に電話かけまくって（ＳＥＯのセミナーなのに！笑）、開催１週間前の時点で、集まっているのはたったの10人。

「そうだ！　知り合いには無料で提供して頭数を増やそう」

開催1週間前に、知り合いつながりに無料でいいから参加しないか、と必死に電話営業を続けました。

結果的に集まったのは20人でした。そのSEOセミナー自体は好評でした。内容もよかった！　頑張った！

でも売上げは3万円。これが毎月続くのかと思うと頭が痛かったです。


会社に戻ると、スタッフからこんな質問をもらいました。

「どうでした？」

私の返事はこうでした。

「よかったよ！」（心の声「セミナーはね。全体的な売上げはよくなかったけれど」）

やせがまんしていました。

全然稼げない。でも「起業してよかったんだ」と言い聞かせる毎日

起業すると、周りからの反応は「すごいね！」とか「稼いでるんでしょ！」とか言われます。中には「おごってよ」とか（笑）。

でも実際、起業はそんなに甘くはありません。心が折れそうになることも多々あります。

だから、毎日毎日自分を鼓舞します。「起業してよかったんだ」と。

集客の悩みがなくなったらすべてが一変

でも高単価サービスをつくり、集客の悩みから開放されてからは一変、月１００万円以上稼ぐことが難しくなくなりました。

さらには、お客様一人ひとりに思いきり向き合える時間が増えたことで濃いファンが増え、安定して継続的に稼げるようになりました。

私と一緒につくってみませんか？

以前の私と同じように、集客で悩み続ける起業家のために、安定して稼ぎ続けられる「月１００万円レシピ」としてまとめたのがこの本です。

私のモットーは、「ひたすら楽しく優しくわかりやすく」です。

本書でも、「ひたすら楽しく優しくわかりやすく」お伝えしていきます。あなたの集客の悩みを解決し、月100万円以上稼ぎ続ける未来に向かって。

「さあ、いこうか！」

集客で悩み続ける起業家のための
安定して稼ぎ続ける「月100万レシピ」

第2章　月100万円レシピ成功事例　33

第3章　「さあいこうか！ステップ①」高単価サービス構築レシピ　53

第4章　「さあいこうか！ステップ②」
あなたの成功を邪魔する9つのマインドブロック解消法　99

カバーデザイン・中村いずみ
本文DTP・河岡 隆（(株)西崎印刷）

第1章　集客の悩みはこれで解決

1　起業したら、周りの起業家の9割は集客に苦しんでいた

「知り合いリストが終わったらどうしよう」

起業する人や起業初期段階の人にとっての最初の集客方法は、知り合いつながりに声をかけることです。でも、知り合いリストには必ず限界がきます。

そして、知り合いつながり以外の集客方法がわからないから、怖くて飛び込めないのです。

私も同じでした。

26才当時、手取り月13万円。家族もいる。

どう切り詰めても、食べていくことができません。

食費を削り、贅沢しない生活を心がける節約生活を送っていました。

「この生活は、何とかして変えなければならない」

そう決意し、深夜のコンビニのバイトをやろうと思いましたが、時間を切り売りすること

では、この生活は変わりません。

ネットで検索していると、「アフィリエイト」というものがあるということを知りました。

アフィリエイトとは、「成功報酬型マーケティング」のことを指します。

企業の代わりに、商品サービスをブログやウェブサイトなどで紹介し、成果が上がったら、企業からその分の報酬をもらえるという仕組みです。

私は在庫を抱える必要はないし、企業側は成果が上がった時だけ報酬を支払えばいいので、お互いにWin-Winなビジネススタイルです。

「よし！　アフィリエイトをしよう」

そう思い、さらに調べていると、

「初心者でも月100万円稼げます！　この情報を5万円で買いませんか？」といった広告を目にしました。（心の声「怪しい。非常に怪しい」）

でも、当時の私には、このアフィリエイトにかけてみるしか他に道はありませんでした。

情報を扱うアフィリエイトを情報商材アフィリエイトといい、他にも物販アフィリエイトというものがあり、これは商品を紹介するアフィリエイトのことを指します。

私は物販アフィリエイトならやってみたいと思い、当時流行っていた「ビリーズブートキャンプ」とか「プラチナゲルマローラー」をブログやウェブサイトで紹介して、物販アフィリエイトを始めました。

毎日深夜の3時まで、ウェブマーケティングの勉強と実践を続けました。

ブログやウェブサイトは、おそらく1000以上つくったと思います。

3ヶ月間0円で収益なしでしたが、今でも忘れない、4ヶ月目に1242円入ったのです。その次の月は1万円、次3万円、次5万円、次7万円……。

そして、1年後。

気がつけば、月100万円以上の収益を上げられるようになり、一流のウェブマーケティングのスキルと、大きな収益を上げられるスキルを身につけることができました。


そして、28才でウェブコンサルタントとして起業します。

ウェブコンサルタントとして一番初めに受注した仕事は、2万円でした。

知り合いの居酒屋の携帯サイト（当時はガラケーサイト）を作ることでした。

やはり、知り合いつながりでした。

アフィリエイトの知識は身についていても、実際の集客方法がわからないので、社長や起業家が集まる経済団体に入りました。

つまり、「知り合いリスト」を増やしていったのです。でも、常に不安がつきまといました。

「知り合いリストが終わったらどうしよう」

起業の形は、それぞれ違います。資格を取って独立したり、店舗を持って始めてみたり。いろいろな起業の形がありますが、私の周りの起業家のほとんどは、経済団体や起業家・経営者のコミュニティに入り、知り合いを増やしていくという戦法をとっています。

よく、「10年で9割の会社が倒産」という話を聞きます。

帝国データバンクの全国企業倒産集計2023年3月報（これを書いているのが2023年4月）を見ると、企業の倒産理由の77・1％が販売不振です。

その他の理由は、ほぼ1％未満なので、ほとんどが販売不振で倒産しているのです。

つまり、集客して販売して顧客を増やしていくことができないということです。

最初は知り合いつながりでも、どこかで脱却しないといけないことは明白です。

知り合いつながり以外の集客方法を見出し、新しい顧客を増やして販売促進していくためにはどうしたらいいのか。

次頃以降で、その考え方やノウハウを伝えていきます。

2　集客にはずっと苦しむ！　だから月100万円稼ぐには高単価サービスが必須

仮に月100万円稼ぐとしたら、次の2つのうち、どちらの方が可能性が高いでしょうか？

①1万円のサービスを毎月100人に提供する
②100万円のサービスを毎月1人に提供する

答えは明白です。

①と②では、②の方が圧倒的に楽です。

①だと、ずっと集客に苦しむことになります。

これから毎月100人集客し続けると考えると、うんざりしますよね。

高単価サービスを提供する以外の方法では、起業して月100万円は達成できない、といっても過言ではありません。

仮に50万円の商品だとしても、月に2人。34万円の商品であれば、月に3人です。つまり、集客で苦しみ続けるのであれば、発想を変えて、少ない客数でも成り立つビジネスモデルにしていけばいいのです。

あなたの商品・サービスを、今よりも高単価な商品サービスに変換するだけで、集客の悩みが激変していきます。

ここでさらに、もうひとつ解説しておきたいことがあります。

売上げの方程式と言われますが、売上げを簡単に因数分解すると、この3つになります。

売上げ＝「①客数」×「②単価」×「③（購入）回数」

この3つで売上げが決まります。

たとえば、①100人の顧客から、②1万円の商品が、③1回購入されれば、売上げは100万円です。

「①客数」「②単価」「③回数」これらすべて大事なのですが、もし今、まだあなたの売上げが少ない状態なのであれば、一番最初に取り組むべき改善点は「②単価」です。

単価が上がると、次の5つのメリットがでてきます。

1. すぐに利益が増える
2. 質のよい顧客が集まる（客数も増える）
3. 顧客の満足度が上がる（回数も増える）
4. リピート率が上がる（これも回数が増える）
5. 新規集客のためにお金や時間を投資することができる（客数も回数も増える）

つまり、②単価が上がることで、結果的に①客数も③回数にも影響し、売上げが増えていくのです。

では、高単価な商品サービスとは、いったいいくらでしょうか？

これは、ターゲットによって変わってきます。

たとえば、あなたにとっての高単価と、アラブの大富豪にとっての高単価は違いますよね。

図1-2

売上げはこの3つで成り立つ

①客数 × ②単価 × ③（購入）回数

本書がおすすめする
1番最初に取り組むべき改善点は「②単価」

単価を上げる5つのメリット

1. すぐに利益が増える
2. 質の良い顧客が集まる（客数も増える）
3. 顧客の満足度が上がる（回数も増える）
4. リピート率が上がる（これも回数が増える）
5. 新規集客のためにお金や時間を投資することができる（客数も回数も増える）

相手によって、高単価かどうかは変わるということになります。

本書では、50万円以上の商品サービスを高単価と定義しています。

こんな話をすると、「えー！私の顧客はお金がなくて50万円以上の商品サービスなんて、とてもじゃないけど買えない！」と言われることがあるのですが、それは思い込みです。「高いから買われない」のではなく、見合う価値提供と、価値が伝わる表現になっていないだけです。

ここでは、「買われない」前提ですすめるのではなく、「価値が伝わり、価値を届ける」ための思考を持ってすすめていきましょう。

このための思考（マインドセット）や、どのように50万円以上の高単価な商品サービスをつくり、買ってもらうのかは、しっかりと詳細をお伝えしていきます。

3　あなたの成功を邪魔する９つのマインドブロック解消法

あなたの成功を邪魔する人が、この世界でたった１人だけ存在します。

それは「あなた自身」です。

自分への「疑い」と、自分の中から湧き出てくる「恐れ」、これが出てきた時に「自分にはムリ、できない」という思考になり、ネガティブな思考から行動が止まり、行動できないから成果が上がらず、成功が遠のいてしまい、結果的に、自分で自分の成功を邪魔してしまうのです。

では、この自分への「疑い」と「恐れ」への対応は、どうしたらいいのでしょうか。

これは、マインドセットを整えることで解消することができます。

マインドセットとは、これまでの経験や教育、先入観から作られる思考パターンで、固定化された考え方のことを指します。

このマインドセットが、あなたの成功にとても大きな影響を及ぼすのです。

あなたの成功の邪魔をする9つのマインドブロックの解消法を、簡単にお伝えします。

1.「高単価にできない」というマインドブロックについて

高単価にできない理由は、自分に目を向けているからです。

責任が持てない、だから安く提供して責任から逃げたいと思ってしまうのです。

これは、相手の課題をはっきりとさせ、思いっきり向き合う覚悟を持つことで解消できます。

2.「自分にビジネスなんて無理」というマインドブロックについて

そもそも、ビジネスとは何なのでしょうか？

ここがわかると、このビジネスへのマインドブロックが解消されていきます。

3.「自信がない。自分にできるのだろうか」というマインドブロックについて

誰しもが、最初からできるわけではなく、経験がないので怖さを感じます。
だからこそ経験を積み、自信をつける必要があります。

4.「お金がない」というマインドブロックについて

お金がないことが問題なのではなく、ビジネスでお金を生み出すシステムがない状態がずっと続いてしまうことが一番の問題ではないでしょうか?

これは、お金を生み出すシステムに投資することで解消されます。

5.「時間がない」というマインドブロックについて

時間は誰にでもあるし、24時間誰でも平等です。
使い方やとらえ方によって違いが出てきます。
本当に大事なことと、スケジュールの順番を変えるだけで、解消されます。

6.「成果は保証できない」というマインドブロックについて

そもそも、顧客の成果はあなたが完璧にコントロールできることではありません。

コントロールできないことに目を向けるのではなく、コントロールできることにフォーカスすることで解消されます。

7.「売ると嫌われそう」というマインドブロックについて

セールス感満載で売りつけられるのは、誰だって嫌ですよね。
顧客に合わない商品サービスであれば、売らなければいいのです。
商品サービスを売るのではなく、必要な人に提供することだけをすればいいのです。

8.「集客できない」というマインドブロックについて

集客という大きなくくりで考えるのをやめて、顧客との接点から購入されて推奨されるまでをイメージし、その過程で何をすればいいのかを考えると、集客できないというマインドブロックが解消されます。

9.「差別化できない」というマインドブロックについて

なぜ、顧客はあなたの商品サービスを買ってくれたのでしょうか?
これが差別化の要因です。

差別化の答えは顧客の頭の中にあるので、顧客から聞き出す方法をお伝えします。

以上、９つのマインドブロックについて簡単に説明してきましたが、これらを解消しない限り行動ができず、成功はいつまで経っても訪れません。でも大丈夫です。マインドブロックを解消する方法を知っておけばいいのです。

第４章で、この９つのマインドブロック解消法を、さらにくわしく一つひとつ解説していきます。

4　集客が苦手でも、優良顧客が増え続け、月１００万円以上維持できる方法

集客は、大きく分けると２つにわかれます。

１．「自分のブランド力で集客する方法」

これはオーソドックスな集客方法です。

通常の宣伝や広告、プロモーション活動になります。

自分のブランド力で集客する方法をたくさんピックアップしたので、参考にしてみてくだ

さい。

テレビ、カタログ、電話帳、出版、新聞、雑誌広告、インターネット広告、交通広告、アフィリエイトを活用する、チラシ、ポスター、クーポン配布、小冊子を配布、ティッシュ配り、サンプル・ノベルティの配布、イベント、FAXDM、キャンペーン、POP、ブログの活用、キャッチセールス、広告代理店の活用、営業代行会社を活用、訪問販売・実演販売、製品の利用方法指導、展示会などのイベント出店、プロダクトローンチ、商品購入後のアフターフォロー、ダイレクトメール（郵送／宅配）の送付、ポスティング、SNSの活用、セミナーの開催、ウェブセミナーの開催、野立看板、ニュースレターの発行、カーラッピングでの宣伝

このように集客手法、そのノウハウは数多くあります。

ですが、この「自分のブランド力で集客する方法」のネックは時間がかかるという点です。ブランドの構築は、一朝一夕にでき上がるものではありません。

自分で自分をブランディングする方法を知りたい方は、私の著書『自分1人1日でできるパーソナルブランディング』（同文館出版）がありますので、そちらも本書と合わせて読ん

でいただくと、より効果を発揮できるでしょう。

そして、もう一つの集客方法ですが、これは短期的に一気に集客することができます。

本書ではこの方法を推奨していて、あなたにぜひ使っていただきたい集客方法です。

これは「他者のブランド力を借りる」という方法です。

2.「他者のブランド力で集客する方法」

この「他者のブランド力で集客する方法」で、顧客を増やし続けることができます。

「他者のブランド力で集客する方法」の具体的な方法を、４つご説明します。

1　顧客から紹介してもらう方法

顧客の成功事例は、他の見込顧客にとっても有益に働きます。

積極的に顧客の成功事例を集めていきましょう。

今の時代には、インタビュー形式の動画をおすすめします。

2　第三者から紹介してもらう方法

顧客はあなたのことを知らなくても、第三者への信頼があり、その第三者が紹介してくれる人だから、あなたのことも信頼してくれます。

第三者からの紹介が定期的に入れば、ビジネスが安定することは容易に想像できます。

定期的に紹介をしてもらう詳細をお伝えします。

3　メディアから紹介してもらう方法

メディアのブランド力を借りる方法があります。

マスコミ4媒体といえば、テレビ、新聞、ラジオ、雑誌ですが、最近はウェブメディアも含めて、発信力・影響力の強いメディアが多数あります。

少し想像してみてください。

メディアからあなたのビジネスが紹介されたら、どれだけの集客につながるのかを。

これも、メディアというブランドの信頼を借りています。

本書では、このメディアに取材される方法もお伝えしていきます。

４　他者の信頼を借りて集客する方法、ジョイントベンチャー

もうひとつは、ジョイントベンチャーです。コラボレーションとも言います。

誰か他者とジョイントベンチャーすることで、その人（パーソナルブランド）の信頼を借りることができます。

このジョイントベンチャーを覚えると、顧客を無限に増やしていくことができ、集客が楽になっていきます。

この「他者のブランド力で集客する方法」についても、５章でもっとくわしくお伝えしていきますので、集客苦手を克服し、優良顧客を増やし続けて、月１００万円以上維持できるようにしていきましょう！

５　ファン化とサブスクで月１００万円を２００万円、３００万円と増やし続ける方法

顧客があなたのこと、もしくはあなたの商品・サービスに惚れ込み、ずっと離れないでいてくれれば、ビジネスは安定します。

ずっと離れないでいてくれる熱狂的なファン、これをレイヴィングファンと言いますが、レイヴィングファンを増やしていくことで強靭なブランドになっていきます。

では、レイヴィングファンを増やすにはどうすればいいのでしょうか？

ここでは、ファンを増やすための4つのシェア（共有という意味でのシェアではなく、占有率としてのシェア）をお伝えします。

1．マーケットシェアについて

あなたの業種業態、同じマーケット内での占有率を獲得していくことを指します。

ライバルや競合に負けない強みを打ち出すことで、シェアを広げていくことができます。

ここで、直接競合と間接競合について解説しておきます。

たとえば、同じ子供向けの英会話サービスで考えると、ECCジュニアとAEON KIDSは直接競合にあたりますが、ターゲット（ここでは、子供を持つママ）の視点では、「ピアノも通わせたいな」「スイミングも通わせたいな」「サッカースクールも通わせたいな」なども考えます。

そうすると、「週にそんなに習い事に通わせることはできない。どれを削ろうか」となり、ECCジュニアとAEON KIDSの直接競合だけではなく、間接的に競合になってくるところが出てきます。

このように、競合は単に同じマーケットシェアだけではなく、顧客にとっての競合はどこなのかといった広い視点を持つことが必要です。

2. ウォレットシェアについて

ウォレットシェアとはつまり、財布の中の占有率のことを指します。

先ほどの子供を持つママをそのままターゲットとして考えると、住宅を買うからそのローンが毎月かかるので、習い事への出費を抑えたい、そうすると全然関係のないものやサービスとも比較されることが出てきます。

3. タイムシェア

時間に関しても占有率があります。

たとえば、何かのくじで温泉旅行の日と、子供の習い事の日がかぶっていたら、まったく関係のない業種業態でも、比較されることになります。

4. マインドシェア

マインドシェアとは、顧客の心（マインド）の占有率のことを指します。

このマインドシェアが一番大事です。

マインドシェアによって、タイムシェアもウォレットシェアもマーケットシェアも無意味にさせることが可能です。

あなたにとって一番大事なものは何でしょうか。

そのためであれば、時間もお金も投資できるのではないでしょうか。

他に比較することなどなくなるのではないでしょうか。

このマインドシェアが、レイヴィングファンにつながります。

では、レイヴィングファンを増やしていくには、どうすればいいのでしょうか？

接点回数と接触時間を増やし、思いっきり顧客に向き合い価値提供することで、顧客にとってあなたがなくてはならない存在になり、レイヴィングファンになっていくのです。

無料だからといって、手を抜いてはいけません。

もちろん、ずっと無料サービスだけではビジネスが成り立たなくなってしまいます。

だから、マネタイズできる仕組みを事前に作っておくことが必要になるのです。

顧客維持とマネタイズを実現し、ビジネスを安定させるには「サブスクリプション」です。略して「サブスク」と言うので、本書でも「サブスク」と言いますが、簡単にいうと月額課金・定額制で契約するサービスのことを指します。

このサブスク型のサービスで一番大事なことは、継続率です。

継続する率が低ければ、サブスクを取り入れてもビジネスは安定しません。

だからファン化、レイヴィングファンを増やすことが大事なのです。

ファン化とサブスクで月100万円レシピから、さらには200万円、300万円と増やし続け、より多くの人に価値提供をして安定的で顧客に愛されるビジネスをしていきましょう。

ファン化やサブスクに関してのよりくわしい具体的な詳細は、6章で展開しています。

楽しみながら吸収して、実現していきましょう。

第2章　月100万円レシピ成功事例

1 「洋裁スクール」月商5500円から1年で月商1400万！ 出版も！

ハンドメイド作家育成スクールをされていて、3歳と5歳のママでもある、愛知県在住の河野幸江さん。

私が河野さんと出会ったのは2021年の8月でした。

2021年の8月：その月の河野さんの売上げは、5500円。

2022年の10月：ところが、2022年の10月は月商500万円超え。

2022年の11月：11月は、なんと月商1400万円超え！

年商じゃないですよ、月商1400万円超えです。

うれしい報告が入り、私も興奮したことを今でも覚えています。

さて、そんな河野さんですが、当初は5000円で服作りの動画教材を販売していました。

最初は、まだ動画教材がないにもかかわらず、LINE公式で「まだ動画教材ができていないのですが、スクール開校します。絶対にやりきりますので、購入してください」という主旨で一斉配信をし、6人が購入してくれました。

買ってくれた人がいたものの、まだ教材ができていません。

幼児がいる中、夜遅くまで毎日教材づくりに励み、開校期日までに間に合わせました。

それから、メニューも変え、金額も高単価なサービスをつくり上げ、2022年11月の1400万円の売上げに至ります。

配信媒体は、アメブロやInstagramやYouTube、そしてTikTokなどがありましたが、今現在は、ネット広告での集客や販売もされています。

さらに私から出版社を紹介し、現在、出版に向けてやってきたノウハウをまとめて進めています。

私が分析した、河野さんの成功要因はこの4つです。

① 自分にはできないかもしれないというマインドブロックがない

自分にできるかできないか、そんなマインドブロックは一切なく、他の人がやれているのであれば自分も当然できるでしょう、くらいの感覚で始めます。

ここは非常に大きな成功要因でしょう。

できない、こわい、で迷って前に進めない人が多い中で、このマインドブロックがないのは、河野さんの一番の強みかもしれません。

② 高単価サービスにした

今でもよく覚えていますが、「月100万円超えるにはどうすればいいですか？」と質問され、私は「さらに高単価なサービスをつくることと、まずはそこからです」と回答しました。

そこから、すぐに月100万円を超えていましたから、より付加価値が高い高単価なサービスをつくったことが大きな成功要因です。

③ 完成していなくても先に売る

完全主義の人はなかなかこれができないのですが、ある程度構想があり、よいものを提供できるイメージがあれば、まだ完成していなくてもオファーしてしまうのもありです。それが悪いということは、まったくありません。

期日までにでき上がればいいのですから、自分への追い込みにもなるし、先にもう売ってしまうというのも成功要因のひとつです。

図2-1

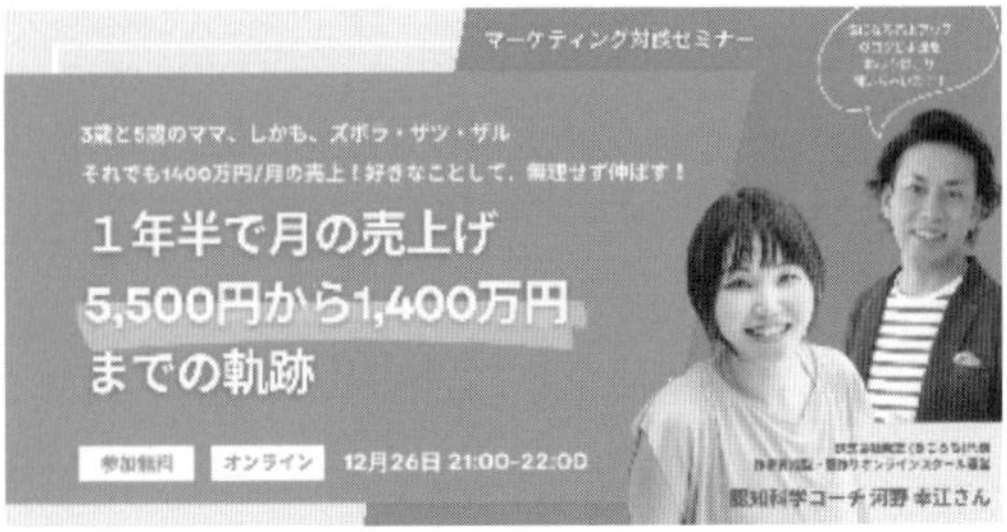

月商5500円から約1年で月商1400万円!
対談セミナーがご受講できます。
巻末のQRコードから。

④ 成長期である

3章2項で解説しているプロダクトライフサイクルでいうところの「成長期」であるとい

うことも大きな成功要因です。

ハンドメイド作家さんはまだまだ増え続けるし、オンラインでのスクールですから、全国販売が可能です。これから先も楽しみな成長産業です。

２０２２年12月に開催した、河野さんとの対談セミナーがあるので、特別に公開します。巻末のＱＲコードから先に進むと見られるようになっているので、ご覧ください。

２　「健康研究家」サービス提供を変えて月商２倍400万円超え

京都府在住の日原和美さんは、オリジナル発酵味噌「キレイミソ」の通信販売をしています。

日原さんと出会ったのは、２０２１年10月。

当時からキレイミソの通信販売で成功されていましたが、物売りだとなんだかんだ経費がかかります。

日原さんは健康オタクでもあり、「ガマンなし！　リバウンドなし！　健康的なダイエットでマイナス10キロ」というご自身のダイエット実績もあります。マイナス10キロですよ！

日原さんは、飲んだり食べたりするのが好きなので、そんな生活をしながらリバンドしないダイエットできるという強みを持っていました。

そこで、美容と健康がテーマの講座をつくりたいというのが、私への一番最初の相談でした。

今は、日原さん自身のオリジナル講座、そして「キレイミソ」の代理店募集も始めて、順調にビジネスを伸ばされています。そんな日原さんとのやりとりで、今でも忘れられないことがあります。

「明日、はじめて講座の提案をするのですが、まだプレゼン資料ができていない」という相談でした。

私が通常、顧客に提案するプレゼン資料を渡し、「ひとまず、会社名や名前、中の文章だけ日原さん用に書き換えて、提案してみてください！」ということで、自身のオリジナル講座の初提案をしてみたところ……。

翌日から、高単価講座にもかかわらず続々とお申し込みが入り、第一期の初講座で10名以上のご受講者が集まり、スタートしました。

第2期、第3期も、さらに講座内容のブラッシュアップを重ね、多くのご受講者に喜ばれるオリジナルな人気講座になっています。

私が分析した、日原さんの成功要因はこの4つです。

①　すぐに素直にやる

日原さんの一番よいところは、素直に受け止め、よいと思ったことは、何も疑問を持たずにすぐにやるというところです。

翌日、翌週からすぐに開始するので、結果が出るのも早いし、もしうまくいかなかったとしても、リカバリーも早いので、最終的に成果につながるのも早いのです。

②　成長期である

健康産業は、今非常に伸びています。

成長期であることと、その成長期の中でもミソと腸活という成長期の組み合わせですから、市場から求められている内容なので、当然反応が高まります。

③　モノ売りから高利益率なコト売りに変えたこと

本書でも何度も出てきますが、高単価で高利益率なサービスがないと、サステナブルなビジネスになりません。

日原さんも、キレイミソの通信販売に加えて、１００％粗利益である自身のオリジナル講座を提供したことが大きな成功要因です。

④　ネーミングが天才

私は、最初に日原さんと話した時に言いましたが、「キレイミソ」というネーミングが天才的にわかりやすく、ベネフィットが伝わりやすいのです。
3章12項でもネーミングが出てきますが、顧客にわかりやすいネーミングがはまると、売上げにも反映されてきます。

図2-2

16万回視聴されたバズったリールは、巻末のQRコードから

SNS集客についてノウハウを話している動画が見れます。
こちらも巻末のQRコードから

２０２２年10月、日原さんとの対談動画がありますので、ご紹介します。16万回視聴された、日原さんのバズったリールも見られますのでご覧ください。巻末のQRコードから先に進むと、見られるようになっています。

3　「古着売買マスター」法人コンサルティング契約と夢の出版実現

長野県在住の笠原鉄平さんは、古着の売買をされていました。

私が出会ったときには、ご自身が培ってきた経験とノウハウを体系化し、コンサルティング事業を始めようとしていました。

話を聞く限り、再現性が高そうだったので、今の時代に合わせて、オンラインとリアルサポートを絡めたコンサルティングメニューを開発しました。

さらには、そのノウハウを起業される人向けにまとめ直し、法人契約と個人契約を合わせて、３１０万円の売上げになっています。

古着の売買と違って、コンサルティング事業は粗利が１００％で仕入れが発生しませんので、そのまま利益になります。

また、現在は出版社にサポートしてもらいながら、夢の商業出版に向けて進行中です。

私が分析した、笠原さんの成功要因はこの4つです。

① 商業出版への挑戦

出版することとは、ビジネス戦略をまとめあげることと似ています。

再現性の高さと始めやすさに目をつけ、企画書や目次などを一緒に考えていきました。

出版社の編集者を紹介し、出版プレゼンを行なったところ、見事一発で企画書が通りました。

わかりやすくまとめられる能力が高いことに加え、何度も企画書と目次をブラッシュアップして、よいものに仕上げる姿勢と努力、そして初めてでもちゃんと準備万全にして出版プレゼンに挑戦したことが大きな成功要因だと思います。

② 再現性の高いノウハウ

ご自身がやってきた経験を元に、売れる商品の見極め方、仕入れの仕方、修繕方法、撮影方法、出品の仕方、効率的な業務ツールの使い方、SNSやアプリを使った販売方法、値段交渉、トラブル回避の方法など、経験がない0からでも、この通りやれば、誰でもできるレベルまでまとめていきました。

この通り、この順番でやれば、誰でもできる！　という再現性の高い形でノウハウ化できる能力は、笠原さんが元々持っている能力で、強みです。

③　法人向けサービスの開始

個人向けサービスと違い、法人向けサービスは契約時の金額が大幅に変わってきます。でも、個人向けができるのであれば、法人向けもできるはずです。

私が使っている提案書を参考にしてもらいながら、笠原さん流に法人向けの提案書を作成し直し、見事法人向けコンサルティングサービスも開始できるようになりました。

④　サステナブルなビジネス

古着の売買は、SDGsの提唱するサステナブル（持続可能な）事業そのものです。

古着に限らず、リセール市場（再販売や転売）は、まだまだ伸びていく市場です。

さらに古着の場合は、CtoC（Consumer to Consumer）「個人間取引」としても日常茶飯事となる商品で、メルカリやヤフオクなどで、個人でもすぐにできるビジネスです。

一度だけではなく、何度でも売買される商品であり、利益率が高いのも成功要因のひとつでしょう。

今後5年で倍増すると言われている古着市場。現在進行中の笠原さんの書籍も待ち遠しいですね。

笠原さんからいただいた、提案書の一部を参考画像として掲載しておきます。

図2-3

提案書の一部

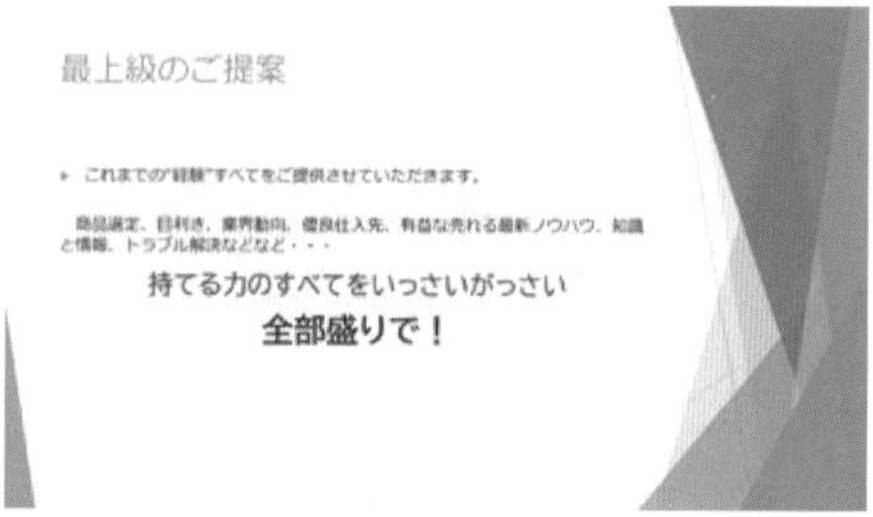

第3章の「さあいこうか！ ステップ①」高単価サービス構築レシピにも出てくる全部盛りの参考例

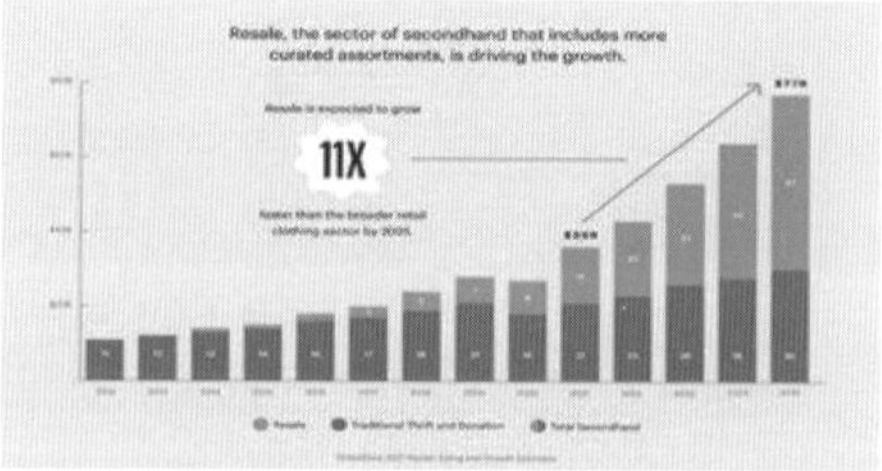

古着市場はさらに5年伸び続ける！
出典：サステナブル・ブランド ジャパン

4 「薬膳師」新規顧客の申込みが相次ぎ月商297万円

レンタルスペースを運営しながら、薬膳の専門家として薬膳講座を開催している中垣英美さんは、長野県在住で2児のママでもあります。

2022年1月に、商工会議所から依頼されて僕が登壇した、SNSのセミナーのご受講者でした。

出会ったときは、まだパートの薬剤師としてお勤めしながら、ご自身が本来やりたい薬膳の専門家として活動を始めていく段階で、「何からどう始めていけばいいのかわからない」といった相談を受けました。

そこから、個別コンサルティングや僕のビジネス講座をご受講いただき、ビジネスモデルやマーケティングフローを見直し、初の高単価講座を開催されました。この講座は即満席で、売上げは297万円となり、すでに次講座の開催待ちの顧客がいる人気講座となっています。

いつもニコニコして朗らかな中垣さんとのやりとりの中で、一番印象深かったのは「私にビジネスができるのだろうか」といった言葉でした。

私は、本書でもお伝えしているように、ビジネスはギラギラしたものではなく、誰かの役に立つためのもので、誰のためにどんな価値提供をするのか、そこから考えましょうというお話をしました。

さらに、SNSの発信もサポートしながら、現在に至っています。

私が分析した、中垣さんの成功要因はこの4つです。

① ジョイントベンチャー

レンタルスペースでのイベント開催を通じて、多くの人とのネットワークが広がり、そこから、講演依頼や『薬膳×他のメニュー』などの、商品としてのコラボレーションも広がっています。

5章5項と6項の、世界的マーケターも認める強力な手法「ジョイントベンチャー」で、どんどん新規顧客とつながる仕組みができています。

② 成長期のコンテンツ

健康産業であり、薬膳という食の産業でもあり、市場的にもまだまだこれから伸びていくでしょう。

衰退していく産業と、成長期の産業とでは、ビジネスの難易度が変わってきます。

③ ターゲットと自身が同世代

「答えは市場が知っている」ということで、顧客のことがわかればわかるほど、欲しがられる商品サービスができるし、響くメッセージもできます。

中垣さんのターゲットが同世代であり、よく相手の気持ちがわかるからこそ、提供する商品サービスも共感が詰まったものになり、ファンが増えていくのです。

図2-4

初めての講座開催で売上げ297万円！

どうやって顧客に想いを届けてきたのか、
インタビュー動画は巻末QRコードから

④　ブランドが伝わる流れをつくれた

「ビジネスがわからない」といった課題に対して、私の講座に勇気を出して飛び込んだのも大きな要因でしょう。

「なぜやるのか？」「誰に喜んでもらうのか？」「響くメッセージはなにか？」といった、ブランドコンセプトからの、商品サービス設計、ネーミング、キャッチコピー、SNS発信、集客、コラボレーション、マーケティングフローなど、どんな人にどんな価値提供するブランドなのか、ブランドが顧客に伝わる流れをつくれたのが一番の成功要因だと思います。

これからも、もっと愛されるパーソナルブランドになっていくであろう中垣さん。どうやって顧客に想いを届けてきたのか、その仕組みを聞いたインタビュー動画があるので、巻末QRコードからご覧ください。

5 「料理研究家」顧客熱望の高単価サービスを開発し、集客人数も10倍に

石川県在住で、糀料理クリエイターの小紺有花《こんゆか》さん。

元祖糀料理研究家として、活動歴20年を超える糀料理業界の牽引者です。

出会った頃から本を何冊も出版していたり、小紺さんのお人柄や、顧客のために真剣に向き合う姿勢からファンも多く、パーソナルブランドとして成功されていました。

その反面、ご自身の活動は売上げを上げることが目的ではないため、営業活動は積極的に行なってきませんでした。

本書でも度々お伝えしていますが、ビジネスはギラギラしたものではなく、愛です。

特に食は、ただつくるものではなく、作り手の想いや愛があるからこそ、人それぞれ同じ

つくり方でも価値が変わってくるのです。

売上げのためにではなく、より多くの人に価値提供をするために、マーケティングやブランディングを学び、レシピを教えるための料理教室ではない、付加価値の高い『醸し塾・伝道師養成講座』を開発しました。

積み重ねた想いと実践に加え、市場が待ち望んでいたサービスということもあり、料理教室の時より数十倍する金額でしたが、告知すると今までの10倍以上の人が集まり、大人気で唯一無二の講座になりました。

Instagram や TikTok などの動画でのＳＮＳ発信力もつけ、以前よりもさらに大勢の人達から慕われるパーソナルブランドになっています。

私が分析した、小紺さんの成功要因はこの４つです。

① ビジネスの概念が変わった

先ほどもお伝えしましたが、ビジネスは愛です。

売上げのためのビジネスはサステナブルなビジネスになりません。

自分自身は、誰にどんな価値提供する何者なのか。

営業や売上げにフォーカスするのではない、市場に求められる本来のビジネスの形を追求し、今までの概念が変わったからこそ、進化したパーソナルブランドになり遂げたのだと思います。

②　多くの人に価値を届ける挑戦

営業活動をしたことがない小紺さんからすれば、マーケティングやブランディングは、ハードルの高い挑戦だったことでしょう。

しかし、小紺さんは、より多くの人に価値を届けるために挑戦することを決断したのです。

③　恐れは成長への武者震い

初めてのことは、誰でも怖いものです。

恐れが出てくるし、その恐れがあるから挑戦できない人が多いのも事実です。

しかし小紺さんは、「恐れは成長への武者震い」と捉え、やったことがないことへの一歩目を踏み出したからこそ、より大きなブランドへと躍進しました。

④　クリエイターから伝道師へ

老子の格言に、『授人以魚 不如授人以漁』という言葉があります。

「人に魚を与えれば一日で食べてしまうが、釣り方を教えれば一生食べていける」という考え方です。

クリエイターは、モノを作る人。

ですが、伝道師は一生食べていけるスキルを伝えていく人です。

小紺さんの想いが伝わり、さらに多くの人に一生食べていけるスキルが広がっていきます。

そんなビジネスになっているからこそ、小紺さんの全部がつまった高単価サービスには、多くの人が集まってくるのであり、やはりこれも大きな成功要因だと思います。

小紺さんと私のコラボセミナーも開催しています。

永続的なビジネスに欠かせない「健康」と「習慣化」を学ぶ、食育×ビジネスのスペシャルコラボセミナーです。

巻末のＱＲコードから先に進むと見られるようになっているので、ご覧ください。

図2-5

糀料理クリエイター
小紺有花（ここんゆか）さんのウェブサイト

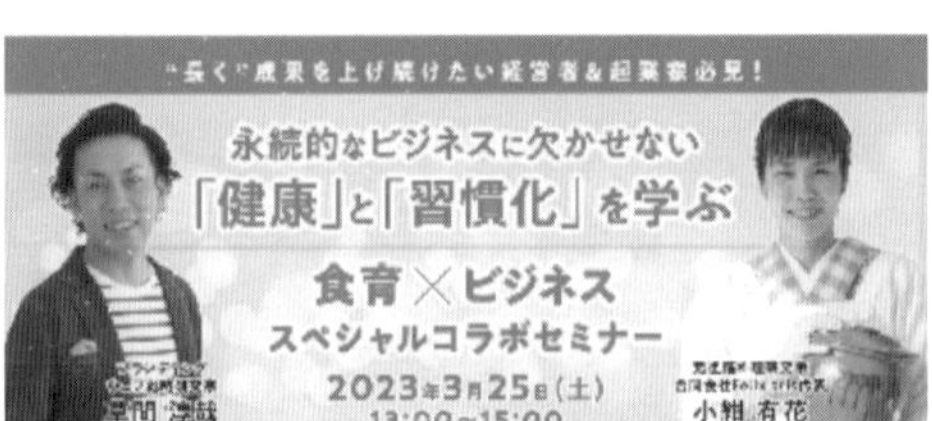

巻末QRコードからセミナー動画をご覧いただけます

第3章

「さあいこうか！ステップ①」
高単価サービス構築レシピ

1　下地1‐起業家の9割が陥るワナ

起業初期の商品サービス企画段階で、起業家の9割が陥るワナがあります。

このワナを回避するために知っておきたい、2つの商品サービス開発手法が、プロダクトアウト、もう一つはマーケットインという手法です。

では、一つひとつ解説していきましょう。

①　プロダクトアウトについて

プロダクトアウト（Product Out）とは、商品サービス提供側を優先させる方法です。

買い手（顧客）のニーズよりも、「作り手がよいと思うものを作る」という考え方です。

この手法には、

1. 強みを活かせる
2. 革新的な開発の可能性がある
3. 開発の手間や費用を抑えられる

といった特徴があります。

たとえば、iPhoneやポケモンGｏなど、世の中の革新的な商品サービスのほとんどがプロダクトアウトから生まれていて、長い間市場を独占できる、すばらしい開発手法です。

② マーケットインについて

一方で、マーケットイン（Market In）とは、市場のニーズを優先し、顧客の課題や欲求を見定めて商品サービスの企画・開発を行ない、提供していくことです。

「顧客が望むものを作る」という考え方です。

1. 大ヒット商品サービスは生まれにくい
2. 顧客のニーズに合っているので売りやすい
3. 差別化がしにくい
4. 売上げの予測をしやすい
5. リスクが少ない

といった特徴があります。

顧客の望むものを作るからこそ、売れやすいし、安定した売上げが期待できます。

①のプロダクトアウトも②のマーケットインも、どちらもすばらしい開発手法です。

それでは起業初期、起業したて、起業してもまだうまくいっていない、これから起業したいという人が、取り組むべき商品サービス手法はどちらでしょうか？

答えは②のマーケットインです。

図3-1

プロダクトアウト／マーケットインのメリット・デメリット

	プロダクトアウト	マーケットイン
メリット	**プロダクトアウトのメリット** ■強みを活かせる ■革新的な開発の可能性がある ■開発の手間や費用を抑えられる	**マーケットインのメリット** ■顧客ニーズに合っているので売りやすい ■売上げの予測をしやすい ■リスクが少ない
デメリット	**プロダクトアウトのデメリット** ■売れるまでにかかるコストが大きい ■売れない場合には大幅な改善が必要 ■市場のニーズを把握するのが難しい	**マーケットインのデメリット** ■大ヒット商品サービスは生まれにくい ■差別化がしにくい ■自社のイメージが変わることもある

プロダクトアウトはすばらしい開発手法で、私もプロダクトアウトでの商品サービス開発を考えていて、現在も今の事業と並行しながら開発を進めています。

ただ、起業当初は顧客から求められるものを提供し、売れる経験を積んだほうがよいでしょう。その経験なしに、世の中に革新的な商品サービスを展開していくのは難しいからです。

あなたのすばらしい想いやアイデアは、これからも大事に持ちながらも、先にマーケティング力をつけて、その後で挑戦していく流れでも遅くはないのではないでしょうか？

ウォルト・ディズニーも、最初からディズニーランドを創り出せたわけではありません。

勧めていた新聞社を「創造性に欠けるから」という理由で解雇されてしまったり、起業をしても3回も倒産するという経験をして、挫折と挑戦を繰り返し、それでも諦めずに力をつけて、あのディズニーブランドを創り出したのです。

「いや、今だからこそ、プロダクトアウトで挑戦すべきなんだ！」という強い意志があるようでしたら、それはぜひ挑戦してください！　私も精一杯応援させていただきます！

本書は「月100万円レシピ」で実現性が高い手法をお伝えしていくので、マーケットインでも差別化、独自性を打ち出しやすいレシピを用意しています。

レシピどおりに実現できるようになってから、さらに自己流を生み出していきましょう。

2 下地2-高単価サービスに欠かせない先読み力

ビジネスでは「先読み力」が大切です。

先読み力は「プロダクトライフサイクル」と「イノベーター理論」で、自身の商品サービスがどんな状況かを把握できます。

図を用いながら、わかりやすく解説します。

プロダクトライフサイクルは「導入期」「成長期」「成熟期」「衰退期」があり、商品サービスが市場に投入されてから衰退するまで「寿命がある」という考え方です。

・導入期

サービスを市場に投入する段階。需要も小さく売上げも大きくありません。認知を高めるコストもかかるため、利益はほとんど出ません。

・成長期

売上げと利益が急拡大する段階。市場に認知が広まり、競合他社も増加します。広告宣伝が機能して拡大しやすい時期です。

・成熟期

成長が止まり、売上げ、利益とも頭打ちになる段階。顧客維持をしながら、新規サービスを開発することも視野に入れます。

・衰退期

売上げも利益も減少する段階。撤退時期を考えながら、新規サービスを開発する判断を、すぐにでも迫られる時期です。

「イノベーター理論」は「プロダクトライフサイクル」と似ていて、顧客の普及率を示したマーケティング理論になります。

・イノベーター

情報感度が高く、新しいものを積極的に導入する好奇心を持った層

・アーリーアダプター

これから普及するかもしれない新サービスにいち早く目をつけて、購入する層

・アーリーマジョリティー

情報感度は高いものの、新サービスを購入することに慎重な層

・レイトマジョリティー

新サービスについて消極的で、なかなか購入しない層

・ラガード

保守的で新サービスに興味・関心を持っていない層

本書では、プロダクトライフサイクルでいうところの成長期、もしくは成熟期の商品サービスであることを推奨します。

また、「アーリーアダプター」「アーリーマジョリティー」に向けての商品サービスであることも必要です。

ここで例として、日本で始めてエアマックスを販売した人の話をします。

エアマックスは、最初は日本市場に対しての認知が当然ありません（つまり導入期）。

図3-2

「プロダクトライフサイクル」と「イノベーター理論」で先を読む！

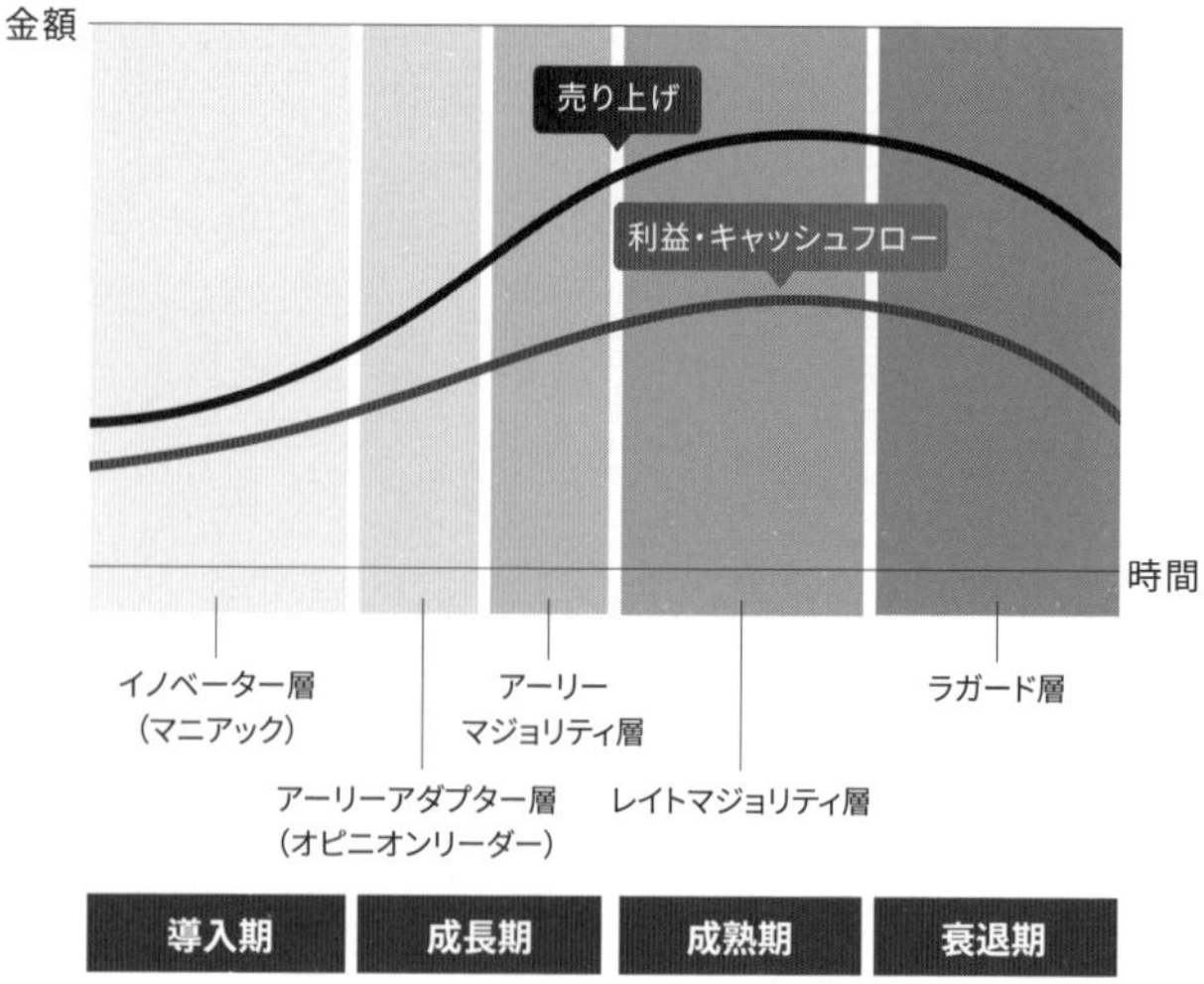

まず当時流行の先端であるカリスマ美容師（つまりイノベーター）にエアマックスを取り入れたコーディネートを提案し、流行に敏感な人たちに広がっていきました（つまりアーリーアダプター）。

そしてSLAM DUNKの大ヒットと重なり、市場は急成長（つまり成長期）し、多くの人から購入されました（つまり、アーリーマジョリティ）。

売上げ44億円のうち、その人には20億円が入ったそうです。

そして、ナイキジャパンが販売を始めるタイミング（つまり成熟期）で、エアマックス市場から撤退しました。

あなたが扱っている商品サービスが、今どんな状況なのかを知り、その上でどんな手法がうまくいくのか、それを見抜く「先読み力」が必要となるのです。

3 下地3 - 究極の考え方！ 競合は味方です

同じ業界の人は、敵ではなく味方として考えましょう。

最大限の感謝をし、メニューーやり方などを参考にさせてもらいましょう。

たとえば、その人が本を出していたら、その本はすべて購入して読みましょう。

どんな想いやどんな経緯で、ここまでやってきたのかを知ることができます。

たとえば、その人がSNSで発信していたら、そのすべてフォローして、どんな内容を発信をしているのか参考にしましょう。

また、その人のSNSに市場からどんなコメントが入っているのか見せてもらうことで市場側の課題や欲求を把握することができます。

たとえば、その人がメルマガやLINE公式をしていたら、登録しましょう。

どんな説明会や体験会に誘導しているのかを参考にすることができます。

その人、その商品、そのサービスが売れている理由が必ずあるはずです。

もし競合とつながり、想いが同じであれば、協会やコミュニティなどをつくり、もっと世の中に広げていきましょう。

私はマーケティング、ブランディング、ウェブデザインといったサービスを提供していますが、それぞれに競合がいて、でもそれぞれみんな仲間です。

たとえば、一般社団法人ウェブ解析士協会。

ウェブ解析士とは、アクセス解析をはじめとしたウェブ解析データを活用し、デジタルマーケティングを通して事業の成果を導く人材です。

名誉会長の江尻俊章さんをはじめ、多くのウェブ解析士と情報交換をさせていただき、時にはコラボセミナーをしたりしています。

たとえば、一般財団法人ブランド・マネージャー認定協会。

日本で唯一、ブランド・マネージャーを養成する専門機関であり、マーケティングの専門家が集う団体で、私も所属しています。

代表理事の岩本俊幸さんをはじめ、大勢のマーケティングの専門家と交流させていただき、こちらでもコラボセミナーをしたりしています。

たとえば、セミナーズ。

セミナーズは、日本最大級のセミナー情報サイトです。

運営会社である株式会社ラーニングエッジの清水康一朗社長をはじめ、大勢のコンサルタントの方々と情報交換させていただいたり、ここでもコラボセミナーをしたりしています。

たとえば、CSS Nite。

ウェブ制作に関わる方のためのセミナーイベントです。

私も、何度もCSS Niteに登壇し、ベストスピーカーをいただき殿堂入りしました。

主宰の鷹野雅弘さんや他のスピーカーの方と公私共々お世話になり、リスペクトする人たちでもあり仲間です。

たとえば、ＳＮＳ首脳会談。

ＳＮＳのプロフェッショナルが叡智を結集し、ＳＮＳマーケティングについて無料で披露してくれるオンラインイベントです。

赤髪社長こと橋元幸菜さんとも意気投合し、本イベントを一緒に共催させていただくことになり、ＳＮＳマーケティングを一緒に広めています。

ここでご紹介した方々はカテゴリー的には私の競合となりますが、やはり一緒に業界を盛り上げていく仲間です。

同じ業界の人は味方で、あなたと同じ想いを持った同士です。

図3-3

こんな方々と
業界を一緒に盛り上げています

積極的にコミュニケーションをとり、情報交換をして、市場を一緒に広げていきましょう。

4　下地4-なぜ時計が千円→1千万円で売れるのか？

今何時ですか？

時計を見てください。

時計本来の価値は、時を正確に刻むこと。

このように、商品サービスに必要な基本的な価値を機能的価値と言います。

では、千円の時計と1千万円の時計は何が違うのでしょうか？

時を正確に刻むという機能的価値では、ほぼ同じでしょう。

でも、人によっては、高級時計を持っているというステータスだったり、デザインだったり、高級時計を持つ人への仲間入りも価値として感じられます。

こういった、目に見えない心を満たす価値を感情的価値と言います。

機能的価値は必要であるというニーズ、感情的価値は欲しいというウォンツと考えるとわかりやすいでしょう。

たとえば水。

水は人類が生きていくのに必要で、機能的価値がほとんどを占めます。

ですが、コンビニのショーケースではさまざまな水ブランドが売られています。

その中でも、たとえば、い・ろ・は・す（ＩＬＯＨＡＳ）。

い・ろ・は・すのブランドコンセプトは、「世界を変える環境にやさしい日本の天然水」と言われています。

「１００％が世界を変える！」ということで、タレントの土屋太鳳さんを起用し（２０２１年時）、１００％リサイクルペットボトルを提供しています。

私は正直、硬水と軟水の区別もつかずに水を飲んでいます。

水の味がわからなくても（つまり機能的価値が変わらなくても）、なぜか私はい・ろ・は・すを選びます。

私の中の感情的価値が、い・ろ・は・すを選ぶ理由を創り出しているのです。

他にも、たとえばダイヤモンド。

ダイヤモンドの機能的価値は何でしょうか？

製造業であれば、硬さを活かして何かを削るという機能的価値があるかもしれませんが、私のように一般人には、ダイヤモンドに機能的価値を感じることはほとんどありません。

むしろ感情的価値がすべてです。

図3-4

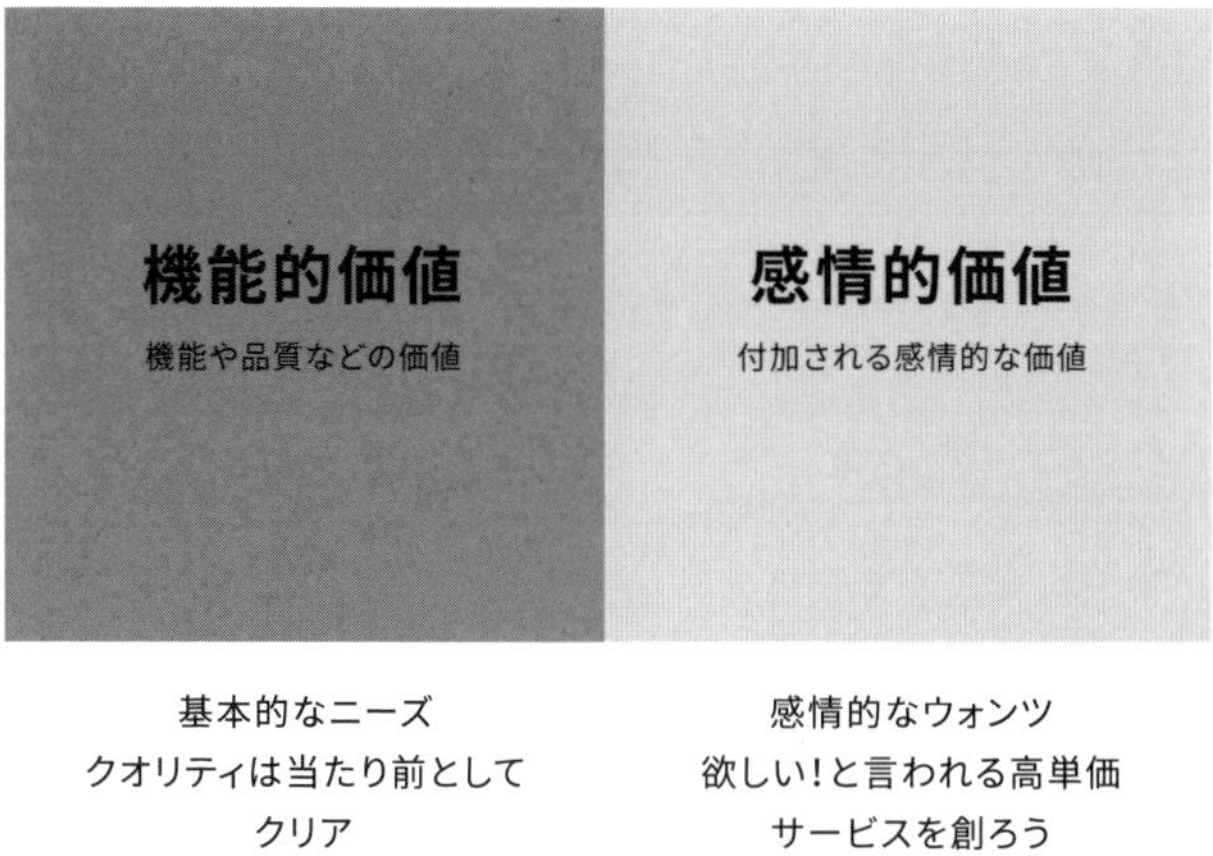

ダイヤモンドといえば、永遠の愛の象徴。

このように、私たちのイメージに染み付いています。

だから、男性は大変ですよね！

機能的価値をほとんど感じないダイヤモンドに、愛という感情的価値を表現するためにダイヤモンドの婚約指輪を、お給料の３ヶ月分で求められるのですから（笑）。

ダイヤモンドをディスっているわけではなく、この感情的価値としての例として使わせてもらっています。

ちなみに、ダイヤモンド＝愛としてブランディングしたのもマーケティングの専門家で、感情的価値を、意図的に戦略的に創り出したのです。

ここまで、機能的価値と感情的価値の説明

とたとえ話をしてきましたが、ここで大事なことは、機能的価値を無視してよいというわけではありません。

機能的価値は当たり前の価値として、つまり、商品サービスの基本的なクオリティは当たり前としてクリアし、その他の感情的価値を付加価値として築き上げ、顧客に「必要」としたニーズだけではなく、「欲しい！」というウォンツを提供できる、高単価サービスを創っていきましょう。

5　下地5-顧客の本音を引き出す7つの質問

「答えは市場が知っている！」――私はよくこんな話をしています。

買う人はあなたではなく市場（つまり顧客）で、いくらあなたの商品サービスがよくても、買うか買わないかを決めるのは顧客です。

さらに、マネジメントの父と称されるピーター・ドラッカー氏の名言の中に、こんなものがあります。

「顧客と市場を知っているのはただ一人、顧客本人である」これも同じたとえですね。

どうやったら買ってくれるのか、なぜ買うのかは、私やあなたの中には正解がありません。

顧客のみ、『買う理由』という答えを知っています。

では、買ってもらうための商品やサービスづくりの答え、買ってもらうためのキャッチコピーやメッセージの答えは、どうしたらわかるのでしょうか？

それは、顧客に直接聞いてしまえばいいのです。

顧客に聞けば、顧客が買いたいものがわかるし、実際に提供すれば買われます。

この質問さえすれば、顧客の本音を引き出すことができる！　というシンプルにまとめた7つの質問があります。

これを使って、ぜひあなたも答えを顧客から聞き出してください。

【顧客の本音を引き出す7つの質問】

① 私の◯◯に出会う前（購入する前）、どんなことで悩んでいましたか？

◯◯の中には、あなたの商品サービス名が入ります。

この質問では、シンプルに顧客の本音を引き出すことができます。

購入する前、その顧客が何に悩んでいたのか、これが顧客の解決したい課題になります。

② 最初に私の◯◯がいいなぁと思った理由と、そう思った時はいつですか？

この質問では、最初の心境の変化がわかり、何が一番響いたのかも同時にわかります。

どんなことがきっかけで興味を持ってくれたのかがわかれば、まだ興味を持たれていない顧客には、同じアプローチをすれば興味を持ってくれる確率が上がります。

③　買う前、それでも何かしら不安や不明点があったと思います。どんな不安や不明点がありましたか？

この質問では、顧客が買うためのハードルとなっている原因をすべてあぶり出せます。

顧客は、基本的にあなたの商品サービスを欲しがっています。

ですが、何かしらのハードルがあって買わないのです。

ですから、そのハードルをなくすことができれば、すんなりと買ってくれます。

④　他にも似たような○○があったと思いますが、何が決め手で今の○○を買ったのですか？

この質問では、他社商品との差別化ポイントを聞き出せます。

差別化が難しいという相談を多数いただきますが、この質問で顧客に聞けば一発ですね。

なぜなら、顧客が買っているということは、何かの違いがあり買っているわけですから。

その差別化ポイントを打ち出していくといいでしょう。

⑤　実際に買ってみて、どんないいことがありましたか？

この質問では、ベネフィットを引き出します。ベネフィットというのは『買ったら得られるプラスの変化』です。顧客から聞き出せたベネフィットを、違う人に伝えれば、購入率が高まります。

⑥ 強いて言うなら、今の商品サービスにこんなことがあるともっとよくなるのに！ と思う部分は何ですか？

この質問では、買った後に出てきたさらなる欲求を引き出します。

その引き出した欲求は、商品サービスの特典として追加すれば、購入率が高まります。

また現在の商品サービスを、もっとよくすることができます。

⑦ 他の人にすすめようと思いましたか？ 思ったとしても、思わなかったとしても、その理由は何ですか？

この質問では、単純に紹介してくれるかどうかを聞き出せます。

おすすめしようと思う人には、インタビューをしっかり行ない、今の時代だと顧客の声動画として使わせてもらうといいでしょう。

また、いくらいい商品で気に入っていたとしても、コンプレックス商品であれば、紹介されない場合が多いので、その時には無理に紹介を求めないようにしましょう。

もし、まだ顧客がいなくて、これから商品サービスを提供している段階の人は、似たような商品サービスを買ったことがある人から7つの質問を少し変えて聞いてみてください。

そこで出てきた内容を、自分の商品サービスに役立てることで、顧客の購入率は大幅にアップします。

答えはあなたの頭の中ではなく、顧客の頭の中にあります。顧客に聞いた方が早いのです。

「顧客を知るものはビジネスを制す！」です。

6　レシピ1‐提供する相手を具体的にイメージする

「顧客を知るものはビジネスを制す！」ということで、顧客のことを知れば知るほど、売れる、欲しがられる商品サービスができあがります。

ここでは提供する顧客を具体的にイメージしていただきたいのですが、この具体的な顧客のイメージをマーケティングの用語では、ペルソナと言います。

しかし、ビジネス初期段階でペルソナを設定しても機能しない場合が多々あります。

なぜなら、ペルソナをどう活かしていけばいいのかわからない人が多いからです。

ですから、ペルソナとは違う方法をお伝えします。

まず、あなたのサービスを必要としている人を、一人イメージしてください。

知人の中で一人、具体的にイメージしてください。

浮かんできましたか？

今現在、優良顧客になっている顧客でもいいです。その場合は、まだその人と出会う前の状態で考えてみてください。その人の名前は何といいますか？

何をしていて、どんなお悩みや課題をお持ちの人ですか？

ワークシートがダウンロードできるＱＲコードを巻末に用意しておきますので、左記の項目を書き出してみてください。

① 氏名、性別、年齢、居住地、ご職業、家族構成、年収、etc.

わかる範囲でけっこうです。できるだけ明確に書き出してください。

② 価値観、大切にしたいと考えていること

その人は、どんな価値観を持っている人でしょうか？

③ 悩んでいること、不安、不満、課題

その人はどんなことに悩んでいるのでしょうか？　どんな不安があるのでしょうか？　不満、課題はどんなことでしょうか？

④ １日の過ごし方

その人は、朝何時に起きて、何時に寝ていますか？　１日どんな生活をしていますか？

⑤ 媒体と惹かれるコンテンツ

その人は、いつ、具体的に何時に、どの媒体を見ますか？　ＳＮＳですか？　ＳＮＳであ

図3-6

知人や顧客の中で一人、具体的にイメージしてください

<table>
<tr><td>氏名</td><td></td><td>価値観、大切にしたいと考えていること</td></tr>
<tr><td>性別</td><td></td><td rowspan="6"></td></tr>
<tr><td>年齢</td><td></td></tr>
<tr><td>居住地</td><td></td></tr>
<tr><td>ご職業</td><td></td></tr>
<tr><td>家族構成</td><td></td></tr>
<tr><td>年収</td><td></td></tr>
<tr><td colspan="2">1日の過ごし方</td><td>悩んでいること、不安、不満、課題</td></tr>
<tr><td colspan="2"></td><td rowspan="3"></td></tr>
<tr><td colspan="2">媒体と惹かれるコンテンツ</td></tr>
<tr><td colspan="2"></td></tr>
</table>

参考例文付きのワークシート
巻末QRコードからダウンロード

れば、Instagramでしょうか？ TikTokでしょうか？ YouTubeでしょうか？ その時に、どんなメッセージや写真、動画があると惹かれるでしょうか？

マーケティング3Mという理論があります。

・Market マーケット＝顧客はどんな人でどんな課題や欲求を持っているのか？
・Message メッセージ＝ちゃんと響くメッセージになっているのか？
・Media メディア＝伝えるメディアは適切かどうか？

この3つのMが、ひとつでもずれていると、あなたのサービスは売れません。

上記①から⑤の質問は、この3Mを包括しています。

買うのは顧客です。

ペルソナの活用が難しければ、知人でいいので具体的にイメージしましょう。

7 レシピ2 - 顧客が望むものを出し切る

前項では、顧客を具体的にイメージするために、顧客（ターゲット）に当てはまる知人や顧客が、どんなお悩みや課題を持っているのかを書き出しました。

この項では、顧客があなたのサービスを買うことで得られるプラスの変化（ベネフィットと言う）を導き出していきます。

前項の③の質問で書き出したことを、改めてご覧ください。

③ 悩んでいること、不安、不満、課題

その人はどんなことに悩んでいるのでしょうか？ どんな不安があるのでしょうか？ 不満、課題はどんなことでしょうか？

顧客の悩んでいること、不安、不満、課題が解決された状態を思い浮かべてください。

その未来のプラスの変化が、顧客が心理的に求めていることなのです。

顧客はあなたのサービスではなく、あなたのサービスを通した上でのプラスの変化（ベネフィット）を求めているのです。

それでは、このベネフィットはどうしたら導き出せるのでしょうか？

これは実は簡単です。

「どんないいことがある？」という質問を繰り返していけばいいのです。

そして、そのベネフィットを顧客があなたのサービスを買う理由として伝えればいいのです。

私の実体験を例に出します。

ある時、家電屋で食洗機のキャッチコピーを見て、猛烈に食洗機が欲しくなりました。

それまでは、まったく食洗機に興味がなかったのに。

そのキャッチコピーにはこう書いてあったのです。

「食洗機を買うとラブラブになります」

私が食器洗いをしないわけでもなし、食器洗いが嫌いなわけでもありません。

ちなみに、妻と仲が悪いわけでもありません。

妻とはずっと仲よく暮らし、今よりもっとラブラブな人生を送りたいと思っています。

そんな私に飛び込んできたメッセージが、「ラブラブになる」だったのです。

つまり、こういうことですね。

「食洗機を買う」（どんないいことがある？）

「食器洗いの時間が軽減される」（どんないいことがある？）

「夫婦で過ごす時間が増える」（どんないいことがある？）

「夫婦の仲がよくなる」（どんないいことがある？）

「ラブラブになる」

単純な私は、「なるほど！　食洗機を買うと今よりさらにラブラブになるんだ！」となり、
これが私が求めていることなので、食洗機を買う気満々になりました。

ここから続きがありまして、結果的に食洗機は買いませんでした。

図3-7

悩んでいること、不安、不満、課題	どんなよいことがある?を繰り返す

参考例文付きのワークシート
巻末QRコードからダウンロード

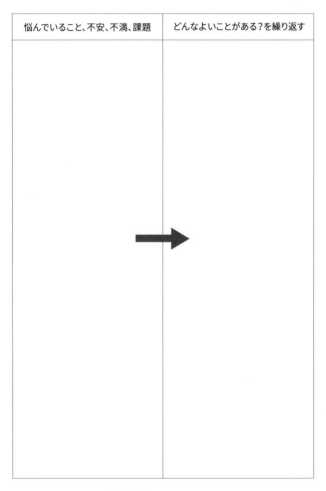

妻に食洗機を買おうと話したら、即答で「いらない」という回答でした。

妻は、今のままで食器洗いに困っていないし、私と比べると、夫婦仲がよりラブラブになるという未来には惹かれなかったようです。

ここで話したかったのは、私がいかに妻を愛しているかということではありません（笑）。お伝えしたかったのは、ターゲットが変われば、求めているベネフィットが変わるということです。私と妻のベネフィットは違いました。

だから、「顧客は誰なのか？」といった、ターゲットを明確にすることが必要なのです。

さあ、ここでも用意してあるワークシートに沿って、顧客があなたのサービスを買うことで得られるプラスの変化、つまりベネフィットをできるだけ書き出してください。

8 レシピ3 - 顧客の好きなものを全部盛り

ベネフィットを〝全部盛り〟にしてパッケージ化すると、高単価サービスができあがります。

私はこれを〝クリティカルコンテンツ〟と呼んでいます（世間一般的には、バックエンド商品などと呼ばれている）が、クリティカルコンテンツの定義は「利益がしっかり出て、これさえあれば、どんどんビジネスを伸ばしていける商品サービス」としています。

売上げではなく、利益がしっかり出る商品サービスです。

一人一人の顧客に思いっきり向き合い、顧客の望む未来へとサポートできる商品サービスであれば、それは当然高単価になります。

ビジネスがまだうまくいっていない段階では、このクリティカルコンテンツを創り出すことが一番大事な部分であり、第1章2項でもお伝えしたとおり、高単価な商品サービスを提供する以外の方法では、月100万円を達成できない、といっても過言ではありません。

事実、多くの起業家がクリティカルコンテンツを作り上げたことで業績を伸ばしていて、その事例は第2章の「月100万レシピの成功事例」で紹介しているとおりです。

では、どうやって具体的なメニューを作り出すのでしょうか。

これもワークシートを活用します。

ベネフィットを満たす商品サービスをひたすら書き出していき、その商品サービスを〝全部盛り〟にしましょう。

ここで注意していただきたいことは、今の自分ができるメニューや、提供したいメニューで考えてしまうと、顧客に響くクリティカルコンテンツにはなりません。

あなたのやりたいことを無視するわけではないのですが、ここでは徹底的に顧客目線で書き出していきましょう。

ちなみに、今はまだ提供できないメニューが出てきたとしても、それはこれからの努力で提供できるようにしてください。

そして、提供できるようになったらアップグレード版として、さらに高単価な商品サービスとして提供すればいいだけです。

例：1年間コンサルティング、聞きたい放題、使いたい放題、代わりに創る、ノレン分け、ノウハウすべて提供、資料すべて提供、TTP（徹底的にパクる）OK、マンツーマン、etc.

たとえば、私の〝全部盛り〟パッケージですが、次記の内容がすべて詰まったパッケージです。

① ビジネスモデル設計

月1回の個別コンサルティングと、月2回のグループコンサルティングで、2週間以上空けないようにしながら、私が一緒に伴走しながらビジネスモデルを創り上げます。

② いつでも質問し放題

24時間、いつでも私に直通で質問できます。お待たせしません。基本的に、即回答します。

③ 効果的なSNS発信

売上げにつなげやすいフォロワーの増やし方や、お問い合わせにつなげる投稿の方法があります。YouTube、Instagram、LINE公式、Twitter、Facebook、すべてのSNSに対応します。

④ オンラインマネタイズ化

オンラインでの面談やセミナーで、どのような企画をして、どのように準備をし、どのように顧客から依頼してもらうのか、具体的に構築していきます。

⑤ ビジネスサクセスセミナー再受講

2日間のビジネスサクセスセミナーを、何度でもご受講いただけます。

⑥ 商業出版サポート

商業出版できるよう、企画書づくりからサポートします。そして、直接編集者と相談できる機会を設けます。実際に企画が通って出版できる顧客が続出しています。

⑦ 特別外部セミナー受講

10万円以上費用がかかるスペシャル外部講師を呼んでセミナーを開催し、このセミナーに無料でご参加いただけます。

⑧ 高単価サービス構築

高単価サービスを同伴しながら、一緒につくり上げます。

⑨ 私のスキル・コンテンツ・暖簾分け・TTP公式認定

すべてを0からやる必要はありません。私と同じ時間を費す必要はありません。私が持っている人脈、スライド、契約書、プレスリリース時のリストなど、私のすべてをご提供します。

⑩　リトリート

私の実家は、築300年を超える古民家なのですが、そこで私の仲間と一緒に、ビジネスマインド・スキルを引き上げ、飛躍するための時間を定期的に設けています。

といった、①から⑩の内容です。私が「あなたのCBO（Chief Branding Officer）になりますよ」という内容で、当然高単価にはなりますが、多くの方にご購入いただき喜んでいただいております。

今後は、SNS代行やウェブマーケティングの代行サービスも加えていきます。これは、顧客から求められているからです。

そのときにはもちろん値上げするのですが、あなたも同じように顧客が求めていて必要な内容をすべて盛り込み、全部盛りパッケージをつくってみてください。

9　レシピ4 - うまくいっている人をモデリングする

レシピどおりに進めて、一気に高単価サービスを構築していきましょう。

次のレシピは、うまくいっている人をモデリングしましょうというレシピです。

3章3項でもお伝えしましたが、競合は味方です。競合に最大限の感謝をして、参考にさせてもらい、業界を一緒に盛り上げていきましょう。

世の中何でもそうですが、守破離です。ビジネスでもやはり守破離です。

「守」は、まずは型どおりにやってみて身につける段階です。

「破」は、他によいものを取り入れさらにスキルアップしていく段階です。

「離」は、自分流をつくり、新たな価値を広げてく段階です。

最初は「守」です。うまくいっている競合に最大限の敬意と感謝を持って、型どおりにやってみてください。

参考にする内容は次のとおりです。

・ホームページ

ターゲットはどんな人たちか（書いていなければデザインや文章から予測する）

・どんな打ち出し方をしているのか？

強み、キャッチフレーズ、肩書など

・発信しているSNSのフォロワー

Instagram、YouTube、Twitter など

・発信しているSNSの内容

たとえば、LINE公式に登録してから送られてくるメッセージ、何回送られてくるか、何を提供しているか、何時間おきに、あるいは何日おきに連絡がくるかなど。

・著書

Amazon にコメントがどれくらい入っているか？　読者評価、販売部数、重版回数など

・提供メニュー

提供しているメニューの内容はどんなものか、どんなネーミングなのか

・提供メニューの価格

通常料金がいくらで、割引価格がいくらなのか、割引期間、限定数はいくつか、など

・無料で提供しているもの

各種SNS、メルマガ、無料体験会、無料説明会、無料PDF、無料動画セミナー、など

図3-9

守 まずは型どおりにやってみて身につける段階

破 他によいものを取り入れ、さらにスキルアップしていく段階

離 自分流をつくり新たな価値を広げてく段階

・安価（1万円以内）で提供しているもの

５０００円の初回カウンセリング、３０００円のセミナー、９８００円の１日体験講座、など

・一番高額なサービスはいくらなのか

これは、どこにも打ち出していない競合もいるので、もし可能であれば無料や安価なサービスを購入し、その時に勧められるサービスを知っておく

・どんな印象を受けるか

賢そう、かわいい、やさしそう、こわそう、きびしそう、高級そうなど

できるだけ多くの競合を調査してください。

調査すればするほど、触れれば触れるほど、どのようなビジネスモデルになっているのかが見えてきます。

そして、その先にあなた流のビジネスモデルが見えてきます。

競合調査の書き込みシートを巻末ＱＲコードからダウンロードしてご活用ください。

10　レシピ5 - 強みをピカピカに磨いて言語化する

競合のすべてをそのままモデリングすると、やはり同じサービスになってしまいます。

顧客からすれば、どちらを選んでも変わらないということになります。

それではあなたの魅力が活かされないので、ここではあなたらしさを出しながらピカピカに磨いて魅力的にし、選ばれるサービスにしていきます。

ここでは、自社（Corporation もしくは Company のC）と、顧客（Customer もしくは Client のC）と、競合（Competitor のC）をとって、3C分析（サンシー、もしくはスリーシー分析）と言われるマーケティングのフレームワークを活用します。

左図の②の部分を見てください。ここは顧客が求めていることで、自社が提供できて、競合が提供できないところです。

この②のゾーンを見つけることができるのが、3C分析です。

3C分析で、うまく②を出すコツが2つあります。

ひとつ目は先入観を持たずに、とにかくたくさんのキーワードを出すということです。
②のゾーンを探すことを目的に行なうと、思考が狭まり、チャンスを見落とすことがある

図3-10

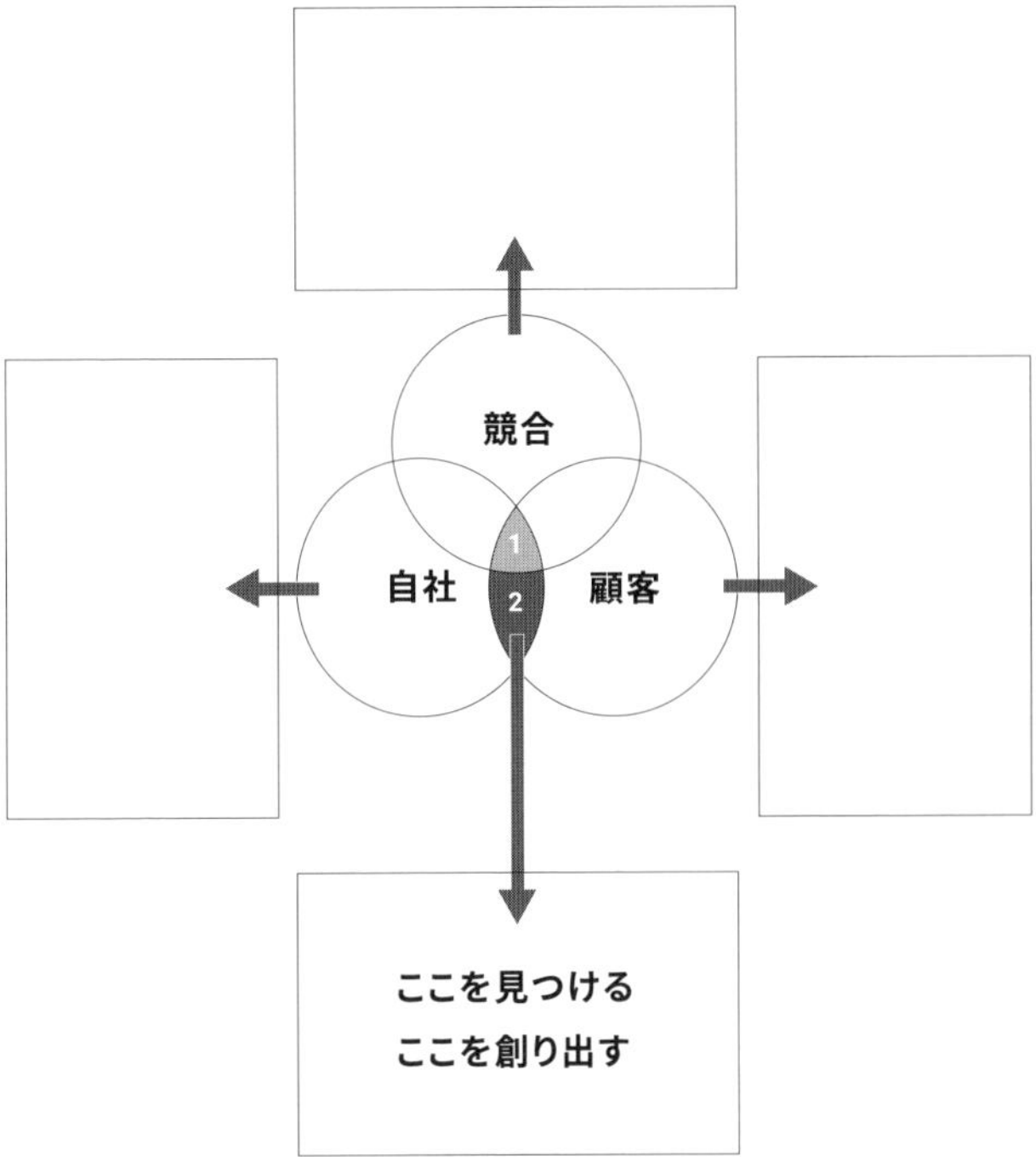

からです。

二つ目は、まずは自分を見つめ直すところから入っていくということです。

3C分析の解説では、通常顧客からとりかかるのが通説ですが、私は自分の部分から進めていくことをお勧めしています。顧客、競合を見てチャンスがあったとしても、やはり自分が心底やりたいと思うことでないと、長続きしません。

自分が心底やりたいと思うことであれば、そこを強化することで、必ず②の部分を見つけ出せるはずだし、作り出せるはずです。

ワークシートに書き込みながら、②のゾーンをできる限り見つけ出してみてください。あなた独自の、ワクワクするような強みが見つかってくるでしょう。

この強みを大事にしてください。あなたの貴重な独自の強みですから、自信を持ってこの強みを活かしていきましょう。

そして、出てきた強みを組み合わせながら、20~30文字くらいで言語化してください。

たとえば私は、「ブランディング」「楽しいことが大好き」「ウェブが強い」などの強みを組み合わせて、「楽しい場づくりで、企業・起業家のブランド価値を引き出し、ウェブで浸透させる専門家」と言語化しています。

これは、世に出すキャッチコピーではないので、奇をてらったようなキャッチーな言葉にする必要はありません。

後ほど（3章12項）キャッチーな言葉にするレシピがあるので、ここでは自分自身がわかりやすい、しっくりくる言葉でまとめれば大丈夫です。自分自身のブランドを言い表すとどんなブランドになるのか、を簡潔にまとめてください。

強みをピカピカに磨いて言語化することに関しては、より詳細をまとめている私の著書『自分1人、1日でできる パーソナルブランディング』（同文舘出版）がありますので、余力がある人はこちらも参考にしていただくといいでしょう。

11 レシピ6 - 値付けでより魅力的にする

値決めは経営。これは京セラや第二電電（現KDDI）などを創業、日本航空（JAL）を再建し、経営塾「盛和塾」の塾長として国内外の経営者育成に心血を注いだ、稲盛和夫氏の言葉です。私自身も、稲盛氏の影響を大きく受けています。

ビジネスは、値決めによって大きく変わります。

値決めに対して、抑えるべき点は2つです。

まずひとつ目は、利益と販売数をかけ合わせた数字が最大値になるようにします。

2つ目は、お客様に喜んでいただける最高な値段にする必要があります。

この2つの点を抑えると、改めて高単価で高利益率な値付けになるでしょう。

起業初期段階で取り入れやすい、値決めの戦略3つと価格設定3つをお伝えするので、あなたのサービスに一番合う方法で魅力的な値段をつけてください。

・起業初期段階でおすすめの3つの価格戦略

① スキミングプライシング戦略

利益を上げることを目的とした価格戦略です。あらかじめ高価格に設定して市場に投入し、利益をしっかりと得ていく戦略です。身近な例を2つあげます。

たとえば、iPhone。iPhone は毎年新機種を発売し、2007年から新規販売価格を上げて高価格で市場に投入しています。

他にも、おむつのパンパース。パンパースは、高価格なプレミアムな紙おむつとして成功しています。低価格帯のおむつも展開していましたが、今は販売を終了させて、高価格帯のパンパースに注力しています。

② プライスカスタマイゼーション戦略

利益の最大化が目的です。同じ商品サービスでも、提供する場所や顧客層に合わせて、価格を細かく変えていく戦略です。身近な例を2つあげます。

たとえば、高級ホテルで売られているビールやマッサージなどがこれにあたります。

他にも、大人料金と子供料金を用意する、事前割引や大量購入の場合には割引して、結果的には売上げと利益を最大化させる、などがあります。

③　プリペイド型価格戦略

あらかじめ前払いしてもらうことで、さまざまなマネジメントへ投資し、効率化を図る価格戦略です。身近な例を２つあげます。

たとえば、アマギフ（Amazonギフト券）。支払いのタイミングを早めにずらせるため、ギフトやプレゼントなどにも活用できます。

他にも、毎月積み立てることで、冠婚葬祭時にお得に商品サービスを購入できる互助会もプリペイド型の典型的な例でしょう。

・起業初期段階でおすすめの３つの価格設定手法

①　コストプラス価格設定

あらかじめかかる経費を算出し、「必要な利益」を上乗せする価格設定手法です。

「経費」に「得たい利益」を加えるだけなので、シンプルで起業初期では使いやすい価格設定手法です。

たとえば、飲食店などで仕入れの材料費が上がるとメニューの金額が上がるのは、この価格設定方法を使っているからです。

② 名声価格設定

「高かろう、よかろう」といった「知覚する品質」を利用した価格設定手法です。

たとえば、ヴィトンの革職人がヴィトンを卒業して、同じスキルで同じバックを作っても

ヴィトンの方がよいと思う人が多いのは、この「知覚する品質」が働いているためです。

③ 段階価格設定

「松・竹・梅」で利益を最大化する価格設定です。たとえば、ドリンクのSMLはM＞S＞Lの順番で売れます。1つだけではなく、3つ用意することで利益を最大化させます。

以上、起業初期段階でおすすめの価格戦略と価格設定手法を3つずつご紹介しました。

プライシング戦略は奥が深いですが、起業初期段階ではこの3つの中から選ぶとよいでしょう。

ご自身のサービスに合った戦略と手法を取り入れてください。

12　レシピ7‐ほしがられる表現にして高単価サービス完成

顧客を具体的にイメージし、望むものをすべて出しきり、全部盛りにして、うまくいって

いる人をモデリングし、強みをピカピカに磨いて言語化し、魅力的な値付けをして、最後はほしがられる表現にするレシピで高単価サービス完成です。

最後のレシピでは、キャッチコピーとネーミングでほしい！ と思われる表現にしていきます。

まずはキャッチコピーから。

第3章9項で出した、ピカピカに磨いた強みを顧客にほしがられるキャッチコピーに変換します。

競合と同じサービスを展開していても、必ずあなた独自の魅力的な部分があるはずです。ワークシートを参考に、違いを明確に出してキャッチコピーを作ってください。

たとえば、私のキャッチコピーは「ひたすら楽しく優しくわかりやすく」です。ロジカルに答えを出すコンサルタントと違い、「ひたすら楽しく優しくわかりやすく」を研究しているので、同じコンサルタントでも受ける印象やサービスも変わります。

事例とともに、13のキャッチコピー変換レシピを紹介します。

・選択肢が多い（例：１００以上のサービスから選べる最適な保険プラン）
・ディスカウント（例：家賃1ヶ月分が一般的。でも、仲介手数料が半額の不動産業者）
・立地（例：駅前留学！　駅から０分英会話スクール）

・近い（例：ビーチまで0分の貸切宿）
・遠い（例：まさに秘境。隠れ家的古民家で宿泊）
・早い（例：1分待たせないカレー）
・遅い（例：３００人待ち。お届けまで2年半かかるオーダーメイドカーディガン）
・デザイン性（例：物置のイメージを変えるデザイン物置）
・専門性（例：技術一筋40年の自転車専門修理）
・最高級（例：ＶＩＰ室完備の大人のカラオケ）
・期間が長い（例：10年ずっと寄り添うコンサルタント）
・期間が短い（例：1日で取得できて、明日から始められるマッサージ師養成講座）
・年代を絞る（例：楽しく食べられる40代50代専門ダイエット）

同じサービスでもまったく印象やサービスが変わってきますよね。数字や極端な表現を使うことで、欲しがられるキャッチコピーになりますので取り組んでください。

次は、ネーミングです。サービス名を変えるだけで、売上げは何倍にもなります。

たとえば、「ネピア モイスチャーティシュ」から「鼻セレブ」に変えて、売上10倍。

たとえば、「三陰交をあたためるソックス」から「まるでこたつソックス」に変えて売上げ17倍。

このように、商品サービスは変えなくても、ネーミングとそれに合わせたデザインで売上げが大幅に伸びます。

事例とともに、７つのネーミング変換レシピをご紹介します。

・つなぎ法（ブレスケア：ブレス『息』＋ケア。ストレートに価値が伝わる）
・アルファベット変換法（ＵＬＯＳ：肌を「潤す」機能がある男性用化粧品。格好がつく）
・そのまま法（まるでキウイを冷凍したような食感のアイスバー：そのまま伝わりやすい）
・ダジャレ法（シラガネーゼ：毛染め薬品。ダジャレで伝わりやすい）
・擬音法（ガリガリくん：ガリガリという擬音にくんをつけて、親しみやすさを演出）
・カラーブランディング法（白い恋人：ピンクや黒だと全然イメージが違ってしまう）
・リピート法（キレイキレイ：シンプルで繰り返すからより強調される）

同じサービスでも、ネーミングがあるとないで、売上げが大きく変わります。キャッチコピーとネーミングで、競合が多数いる業界でも魅力的なサービスにすることができます。欲しがられる表現にして高単価サービスを完成させましょう。

ワークシートは巻末ＱＲコードからダウンロードできます。

図3-12

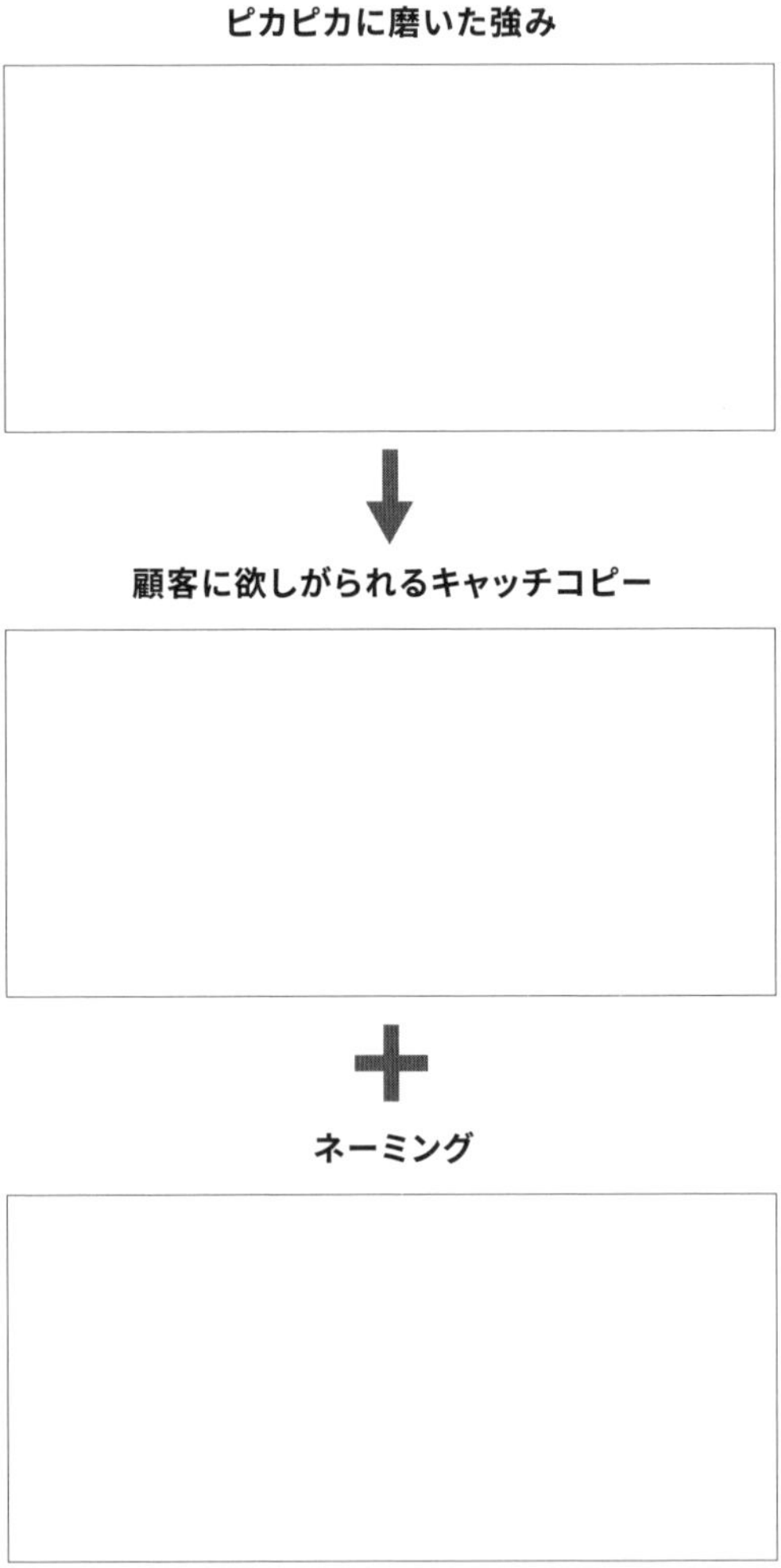

第4章

「さあいこうか！ステップ②」あなたの成功を邪魔する9つのマインドブロック解消法

1　「高単価にできない」のマインドブロック解消法

第3章では、高単価サービスをつくるレシピをお伝えしてきましたが、高単価サービスがつくれないというマインドブロックがあり、進められない人もいることでしょう。

「高単価にできない」という自分自身への「疑い」と「恐れ」は、マインドセットを整えることで解消できます。

マインドセットとは、これまでの経験や教育、先入観から作られる思考パターンで、固定化された考え方のことです。

ここで話は変わりますが、ピカソの逸話をご存じでしょうか。

ピカソファンのある婦人が、ピカソに絵を書いてくださいと懇願しました。

ピカソは快諾し、その場でサラサラっと絵を描き上げました。

かかった時間は30秒程度。

ピカソファンの婦人は喜んで、「おいくらですか?」と尋ねます。

ピカソはこう答えました。

「100万ドルです」

婦人は驚き、「30秒で描いた絵が、どうして１００万ドルもするのか？」と尋ねます。

ピカソはにっこり笑ってこう答えました。

「いいえ、30秒ではありません」

「私が、この絵を描けるようになるには30年かかっています」

「だから、この絵は30年と30秒で描いた絵なのです」

他にも、こんな話があります。

私のところに相談にきた女性クラフト作家さんで、こんな方がいました。

60個つくるのに12万円で引き受けたそうです。私はその方に尋ねました。

「１個つくるのにかかる時間は、どれくらいですか？」

だいたい６時間くらいかかり、１個６時間なので、60個だと３６０時間です。

12万円ですから、３６０時間で割ると、時給が約３３３円になります。

女性クラフト作家さんは、その時給を聞いてショックを受けていました。

次に、主婦の年収についてトピックを移しましょう。

主婦の仕事をお給料に換算すると、年収１０００万円を超える話はご存じでしょうか？

母親がつくる食事って、外食で食べるものよりおいしかったりしますよね。

これを、毎日３食つくるわけですから、外食費用に換算したらいくらになるのでしょうか？

愛する子を育てるために、寝ずに子供と寄り添います。

看護師さんやベビーシッターさんの費用に換算したら、いくらになるのでしょうか？

毎日のお習い事の送り迎え。

これをタクシー運賃に換算したらいくらになるのでしょうか？

これを何年も続けて、スキルが上がっていき、プロフェッショナルになっていきます。

そうなったら、どれくらいの価格になるのでしょうか？

こう考えると、主婦の仕事は年収1000万を超えると言われています。

それだけ価値があることで、家族のために思いっきり愛情を込めて提供しているのです。

ピカソの逸話、女性クラフト作家さんの時給、主婦の年収の話をしてきました。

さて、ここで改めて考えてみてください。

あなたの提供するサービスは、どれくらいの時間をかけて、どんな想いで提供しているのでしょうか？

自分ではたいしたことはないと思っているかもしれませんが、私ができないことをしていて、プロフェッショナルだし、主婦でもそうです。

あんなにマルチタスクをこなしながら、みんなに愛を届けてくれる人はいません。

もう一度聞きます。

あなたの提供するサービスは、どれくらいの時間をかけて、どんな想いで提供しているのでしょうか？

あなたの想いと、やってきて培ってきた能力、スキルには価値があります。

同じ業界のまわりと比べて、自分なんかたいしたことないなんて考えなくていいのです。

十分プロフェッショナルで、顧客に喜ばれ、必要なサービスなのです。

最後に、ヴェブレン効果の話をお伝えします。

ヴェブレン効果とは、商品サービスの価格が高いことで、それを手に入れること自体に特別な消費意識・欲求が生まれることです。

つまり、同じ商品サービスでも価格を高くすることにより、顧客の満足度が上がり、効果が上がることがあります。

人は、「値段が高いのだからいいものだろう」という考えをする傾向があるので、高い値段の方が、人は真剣にその商品サービスを体感しようとし、結果的に効果も上がるのです。

あなたの「高単価にできない」というマインドブロックによって、顧客の成果を下げている可能性があります。

あなたのサービスを高単価にすることは、顧客の成果につながりやすくなる、とてもとても大事なことなのです。

顧客のよりよい結果に貢献するために、高単価サービスをつくることを自分に誓って、さあいこうか！

2 「自分にはビジネスなんて無理」のマインドブロック解消法

ビジネス＝お金を稼ぐというイメージがあるかもしれませんが、それはまったく違います。

ビジネスってギラギラしていて、難しそうで、だから「自分にはビジネスなんて無理」と思ってしまうようです。

だから、ビジネスの本来の定義をはっきりとさせ、ビジネスのイメージを書き換えることが必要になってきます。

ビジネスの定義の前に、お金を稼ぐことについて少しだけ考えてみましょう。

もし今、お金というものが世の中に存在していないとしたら、あなたのビジネスはどうやって成立しますか？

サービスを提供して、お金がなかったとしたら何をもらいますか？

大昔は実際にお金がなかったのですが、その時代でもビジネスは存在していました。

どうやって成立していたかというと、物々交換です。

価値の交換で成り立っていたのだから、どちらが偉いというわけでもなく、どちらが顧客というわけでもありません。

そして、この価値交換を共通的にわかりやすくしたのが、貨幣です。それが今で言うお金ですね。

お金を稼ぐということは、それだけ多くの価値提供をしたということにあたります。

稼ぐことは悪いことではなく、多くの価値を提供したということです。

ビジネス＝価値提供ということがわかった上で、それではビジネスの本来の目的はなんでしょうか？　なぜ、私たちはビジネスをしているのでしょうか？

ビジネスというのは、誰か（顧客）の課題解決、もしくは欲求を満たし、顧客と私達を幸せにするためのものです。

では、あなたのビジネスの目的は何でしょうか？

どんな顧客のために、どんな課題を解決する、もしくは欲求を満たす、商品サービスでしょうか？

目的がないと、人は動きません。

目的はビジネスにおいて、非常に重要なことです。

たとえば、オリンピック。金メダルをとりたいとも思いもせず、何もせずに金メダルをと

図4-2

「ビジネスとは？」

ビジネス＝お金を稼ぐ　×

ビジネス＝価値提供　〇

↓

顧客と私達を幸せにするためのもの

挑戦と成長にフォーカス!!

れる人はいないですよね？

とりたい！　という想いが強いから実直に向き合い、心技体を鍛えていき、その姿勢や思想や行動に対して応援してくれる人が増え、頑張り続けた結果が、金メダルになるのです。

だからこそ、目的を達成できる〝智慧〟をつけましょう。

〝智慧〟とは「物事の筋道がわかり、うまく処理していける能力」です。

これから先の未来、もちろんすべてがうまくいくことはありません。

さまざまな挑戦をし、さまざまな失敗もあることでしょう。

でも、その失敗はすべて智慧に変わります。だから、どんどん挑戦した方がいいのです。

その挑戦が成功でも失敗だとしても、あなたの智慧に変わっていきます。

日々行動し、能力を付け続け、物事の筋道がわかり、うまく処理していける能力をつけて、多くの顧客を幸せに導いていくことが、われわれビジネスをする者の役割なのです。だから、たくさん挑戦して、たくさん成長しましょう。

あなたの挑戦と成長が、この世の中にたくさんいる、困っているまだ見ぬ顧客のためになるのです。

挑戦と成長にフォーカスし、顧客に、社会に、思いっきり価値提供するために、さあいこうか！

3 「自信がない。自分にできるのだろうか」のマインドブロック解消法

そもそも、自信がないと感じるのはなぜなのでしょうか？

それは、単純に経験がないからです。

経験したことがないから、どうなるか先が読めず、こわいから自信がないのです。

「こわい」という感情は、いわば人間の本能のようなものです。

人間は、こわさを感じることで自分の身を守り、種を守って進化を遂げてきました。

私たち人間は本来、安全かつ快適なゾーンから出たくない生き物なのです。

ですが、昨今の激動の時代には、この快適なゾーンに居続けることこそが最大のリスクとなってきました。

この快適なゾーンのことを、Comfort Zone（コンフォートゾーン）と言います。

挑戦し、成長を重ねることで、このコンフォートゾーンを大きくすることができるのですが、反面、何もしなければ小さなコンフォートゾーンのままです。

アラブの大富豪のコンサルティング

50代女性経営者から、「最近アラブの大富豪のコンサルティングを受けているの」という話を聞きました。

私は、具体的に何をしているのかを聞き出していきました。

ある時は、浮浪者と仲良くなって、一緒に食事をして、その人の半生を聞き出してくるという課題を与えられたそうです。

またある時は、キャバクラに行って、そのテーブルについたキャストのために、外に出て声をかけて男性客を連れてくるように、という課題が与えられたそうです。

その50代女性経営者は、「私は女性だし、50代だし、そんな人がキャバクラの呼び込みをしても、男性が話を聞いてくれるはずがない。私には無理です」と答えたそうです。

でも、アラブの大富豪からの言葉は「無理じゃない、やるんだ」と、ただこれだけでした。

50代女性経営者は腹をくくり、後は数をこなしたそうです。

そうするうちに、しだいに声がけのコツがわかり、見事キャストのために男性客を連れいき、呼び込みに成功したのでした。

このように、経験したことがない課題をいくつもこなしたその50代女性経営者は、気づいたら年収が３倍になっていたそうです。

アラブの大富豪の教えは、コンフォートゾーンを出ろ、ということだったのですね。

本書を手にとった人の中には、かなり迷って起業することを決めた人もいるでしょう。

でもご安心ください。

その決断はコンフォートゾーンを出た一歩で、とても大きな一歩です。

そのような決断を、なるべくたくさんすることで、あなたのコンフォートゾーンは大きくなっていき、人格的にも大きく成長し、幸福な人生につながっていきます。

図4-3

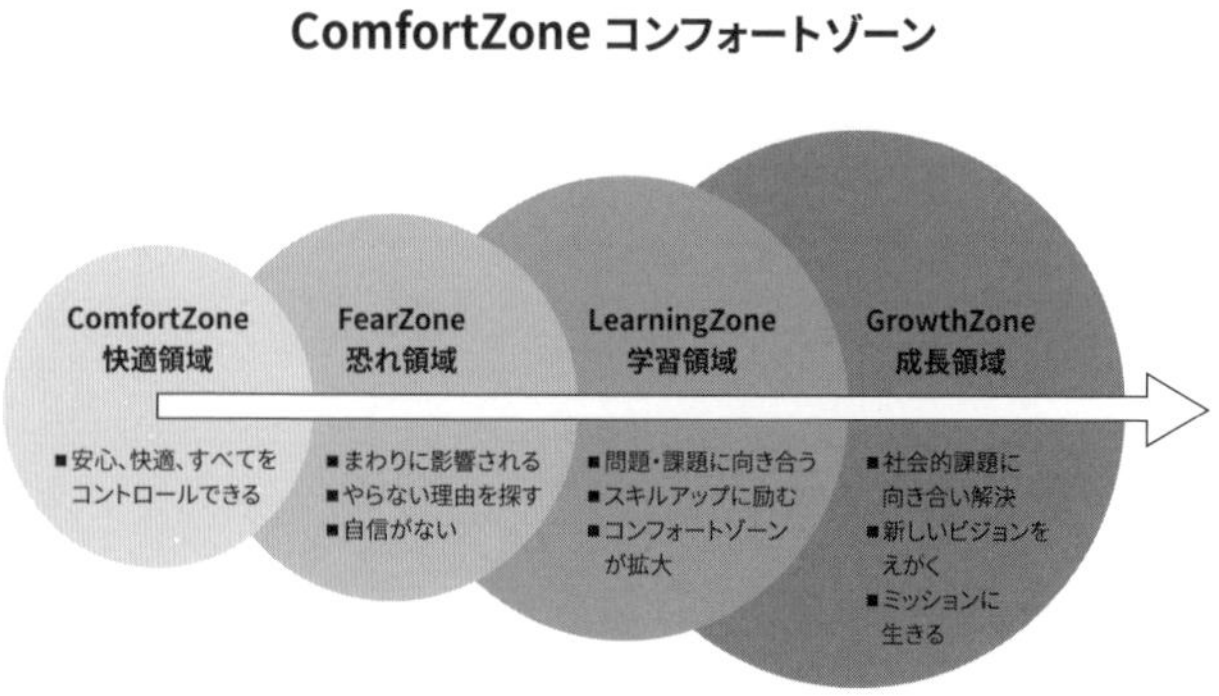
ComfortZone コンフォートゾーン
ComfortZone
快適領域
■安心、快適、すべてをコントロールできる
FearZone
恐れ領域
■まわりに影響される
■やらない理由を探す
■自信がない
LearningZone
学習領域
■問題・課題に向き合う
■スキルアップに励む
■コンフォートゾーンが拡大
GrowthZone
成長領域
■社会的課題に向き合い解決
■新しいビジョンをえがく
■ミッションに生きる

『決断の瞬間、運命が変わる』

これは、世界No.1のコーチと言われるアンソニー・ロビンズの言葉です。

たとえば私は、この本を出すと決める前、怖さがありました。

「稼ぐ」ということをテーマにすることで、悪意のあるコメントが来ると思ったからです。

でも決断の瞬間、運命が変わりました。

そういったコメントをする人は、しっかりと本書を読まない人だろうし、そういった人は、本書を必要としている人ではありません。

本書を必要としている人のために書くのであり、悪意のある人のために書いているのではありません。

決断の瞬間、乗り越えるための意識が働いたのです。

そして実際、今このようにあなたに本書を届けることができています。

決断し、運命を変え、よりステップアップしていくために、さあいこうか！

4 「お金がない」のマインドブロック解消法

今、お金がないことはそんなに問題ではありません。

ビジネスでお金を生み出すシステムがない状態。

これがずっと続いてしまうのが、一番の問題です。

お金を生み出すための一番効率的なお金の使い方は、自分自身への投資です。

たとえば、本は安価で力をつけることができる最強のツールです。

私も、本を書いているのでわかりますが、商業出版で世に出てくる本はすごいです。

著者が自著に想いを込めて、何日も何ヶ月も企画を練り、書き、プロフェッショナルな編集者が編集し、プロフェッショナルなデザイナーがデザインをし、出版社が各書店に働きかけてさまざまなプロモーションをし、書店でわかりやすく買いやすいように陳列して宣伝し、多くの人の想いを経て、あなたの元に届いています。

だいたい１５００円から２０００円で、多くのことが学べます。

1冊の本に、何人ものプロフェッショナルな叡智が組み込まれています。

もし今、本を買う投資すらできない状態であれば、図書館で借りることもできます。

他に投資できるようであれば、本格的な講座を受講したり、伴走型（コーチング型）のコンサルタントをメンターにつければ、必ず改善されていきます。


また、自分の潜在意識への刷り込みから、お金がいつも足りていないという状況が起きている場合もあります。

「稼ぎが少ない」「今月も赤字になってしまう」と、無意識に自分に刷り込んでしまうことで、必要のないものにお金を使っていることに気づかず、いつも「お金が足りない」という考え方に陥ってしまいます

本当にお金がないのでしょうか？

お金の使い方が間違っているだけではないでしょうか？

「お金がない」というマインドブロックを解消する方法を、3つご紹介します。

シンプルですがとても強力な方法なので、今すぐに「お金がない」のマインドブロックを解消することができるようになります。

1．お金がないことをよいことに変換する

たとえば、お金がないのではなく、ないことで節約するという技術が身についたんだ！というように、よいことに思考を転換してみましょう。

図4-4

お金を自分の成長に投資し
成長させてくれたお金に感謝

2．今あるお金にフォーカスする

人間は、あるとそれが普通になり、常にないものにフォーカスしてしまいます。

そして、足りないと思ってしまいます。

まったくないわけではないので、今あるお金にフォーカスして、そのお金をどう投資して、どう回すのかに注力しましょう。

必要のないものにお金を使ってしまう状況を回避でき、好転していきます。

3．お金に感謝する

お金を支払う時、お金にむ感謝しましょう。

「自分にこんな物や知識が追加されることになった。本当にありがとう！」

そして、戻ってきたおつりにも同様に感謝しましょう。

一見疑わしいように思われるかもしれませんが、このお金に感謝する習慣をつけることで、お金への尊さ（価値感）が身につき、人格的にも向上し、結果的にお金が回ってくるようになるのです。

お金に最大限の感謝をし、そのお金を自分への投資にまわし、さらに多くの人に価値提供してもっと稼ぐために、さあいこうか！

5 「時間がない」のマインドブロック解消法

私たち人間の最大の目的とは何でしょうか？

それは、「幸せに生きること」です。

不幸せに生きたいと思う人は、誰ひとりとしていません。

幸せに生きることが最大の目的です。

時間がない、と毎日思いながら過ごすことは幸せでしょうか。

「時間がない」のマインドブロックを解消し、幸せを味わう4つのステップを解説します。

1．本当に大事なことを再認識する

まずは、あなたの人生の終わりを想像してください。

そこには誰がいますか？　誰が浮かんできますか？　その人に感謝を伝えていますか？

その人とどんな時間を過ごすと幸せでしょうか？

それが、あなたにとって一番大事な時間です。

2．本当に大事な時間からスケジューリングする

ワクワク幸せに感じることからスケジューリングしてください。制限をつけず、自由にスケジューリングしてください。

手帳を使っている人には、私はＣＩＴＴＡ手帳をおすすめしています。手帳タイムがとても楽しくなり、スケジューリングから幸せを感じられるようになります。

たとえば、私の一番の幸せは、家族と一緒にイベントを思いっきり楽しむことです。

だから私は子どもの参観日、お習い事の発表会、すべて必ず参加して思いっきり楽しみます。何があっても、この時間を変えることはありません。

なぜなら、一番幸せな時間で、この時間を過ごすことが私の生きる目的だからです。

3. 本当に大事なことに費せた時間に感謝する

仕事や、何か他の予定が進まなかったりするかもしれません。

でも、一番大事な幸せな時間を過ごせたなら、それが一番いいに決まっています。

だから、その費せた時間に感謝し、思いっきり幸せを味わい尽くしましょう。

私も仕事が遅延したり、執筆が進まなかったりすると、さすがに焦ります。

しかし、一番大事なことに時間を費やせたら、その時間と、幸せを味わわせてくれた家族と、そして自分自身に思いっきり感謝しています。

4. コントロールできないことにフォーカスしない

たとえば、1日24時間を48時間にすることはできません。時間は万人に平等です。

誰かによって、または不慮の事故によって、予定通り進まないこともあるかもしれません。

そのせいでイライラしたり、不幸を感じることがあるかもしれません。ですが、周りの環境や誰かをコントロールすることはできません。

コントロールできないことにフォーカスするのではなく、コントロールできる、自分の考え方やとらえ方にフォーカスしましょう。

図4-5

「時間がない」のマインドブロックを解消し
幸せを味わう4つのステップ
1 本当に大切なことを再認識
2 本当に大事な時間から
スケジューリング
3 本当に大事なことに費やせる
時間に感謝
4 コントロールできないことに
フォーカスしない

この４つのステップを踏むことで、「時間がない」のマインドブロックを解消できるようになります。

「時間がない」を解消し、ワクワク幸せな時間をすごすために、さあいこうか！

6 「成果を保証できない」のマインドブロック解消法

「成果を保証できない」から顧客に提案できない。

こんな声を多く聞きます。

このマインドブロック解消する方法は、そもそも顧客の成果は、あなたが完璧にコントロールできることではない、と認識することです。

相手の状況や向き合い方、感情によって左右されることで、あなたがコントロールできる範囲外になります。

だから、コントロールできない成果に振り回されるのではなく、あなたがコントロールできることにフォーカスしましょう。

では、あなたがコントロールできることは何でしょうか？

それは、顧客と「思いっきり向き合うこと」で、これはコントロールできます。

「成果が出なかったらどうしよう？」と不安になり、自信をなくし、サービスのクオリティを落とさないようにしましょう。

「成果はコントロールできない」ということを受け入れて、成果への心配をするのではなく、今、目の前にいる顧客へのサービスに集中しましょう。

結果的に、それが顧客の成果につながりやすくなります。

少しだけ想像してみてください。

最愛の人の心臓に疾患があることがわかりました。

最愛の人とは、妻かもしれません、子供かもしれません、親かもしれません。

あと半年以内に手術をしないと、生きていくことができない状態だったとします。

でも、その手術を成功させることができる医師がいません。

そこであきらめることはせず、あらゆるネットワークを使って調べていった結果、ブラックジャックという医師であれば、治せる可能性があることがわかりました。

そのブラックジャックという医師に手術を頼むには3億円が必要です。

半年以内に3億円を用意しなければなりません。

あなたはそこであきらめるでしょうか。あきらめませんよね。

あらゆる手段を使い、3億円をかき集めると思います。やったことがないクラウドファンディングに挑戦したり、やったことがないウェブ制作やブログでの発信に挑戦したり、SNSや動画での発信に挑戦したり、協力してくれる人を募ったり、どんなことをしてでも可能性にかけて全力で動くはずです。

『最愛の人を愛するように顧客を愛す』

私が、セミナーやサポートする人に伝えている言葉です。

最愛の人を愛するように、顧客を愛すれば何だってできるはずです。

成果につながるかどうかわからなくても、やったことがないことにも当たり前のように挑戦し、力をつけ、失敗してもあきらめることなく全力で向き合うのです。

あなたの挑戦と成長を待っている、まだ見ぬ将来の顧客がたくさんいます。あなたのことを知らずに、困っている人がたくさんいるのです。

挑戦と成長にフォーカスしましょう。

図4-6

マインドセット毎朝5 分！最後まで聞くと
成功への1 歩が自然と踏み出せる」YouTube動画
巻末のQRコードから視聴できます。
挑戦や成長にフォーカスし、
まだ見ぬ将来の顧客と出会うために、
さあいこうか！

「マインドセット毎朝５分！　最後まで聞くと成功への一歩が自然と踏み出せる」という、私のYouTubeの動画がありますので、こちらをご視聴ください。

巻末のＱＲコードを用意しておきます。

きっと、自然と一歩が踏み出せるはずです。

コントロールできない成果におののくのではなく、コントロールできる自分自身への挑戦や成長にフォーカスし、まだ見ぬ将来の顧客と出会うために、さあいこうか！

７　「売ると嫌われそう」のマインドブロック解消法

「売ると嫌われそう」と思ってしまう理由。

それは、売ろうとしているからです。

無理やり売るのは、売る側も嫌だし、当然売られる側も嫌です。良心がすり減っていきます。そんなビジネスは長続きしません。

サステナブル（持続可能）なビジネスにはなりません。

無理やり売ることはやめましょう。

しかし、売らないとビジネスが成り立ちません！　と言われることがあります。

たしかに、売らなければならないのですが、ではどうすればいいのでしょうか。

4章2項でもお伝えしたとおり、ビジネスというのは誰か（顧客）の課題解決、もしくは欲求を満たし、顧客と私たちを幸せにするためのものです。

よりわかりやすいように、図で解説します。

われわれは商品・サービスを売っているようで、実は違います。課題解決、もしくはお客様の欲求を満たし、顧客をよりよい未来に導くために、商品・サービスを提案しているのです。売るのではなく、提案しているのです。

課題解決、もしくは欲求を満たす延長線上にあなたの商品サービスがなければ、売ってはいけません。

無理やり売ることは、できるかもしれませんが、無理やり売ってしまうと、それがクレームにつながったり、あなたというパーソナルなブランドへの信頼を落とすことにつながってしまいます。

だから、顧客の課題や欲求を知る必要があるのです。

そのため、ヒアリングして課題・欲求を明確にするのです。

顧客の課題・欲求は、顧客にも見えていないことがあります。

その道の専門家であるあなたは、顧客が本当に求めていることを明確にするという役割も

図4-7

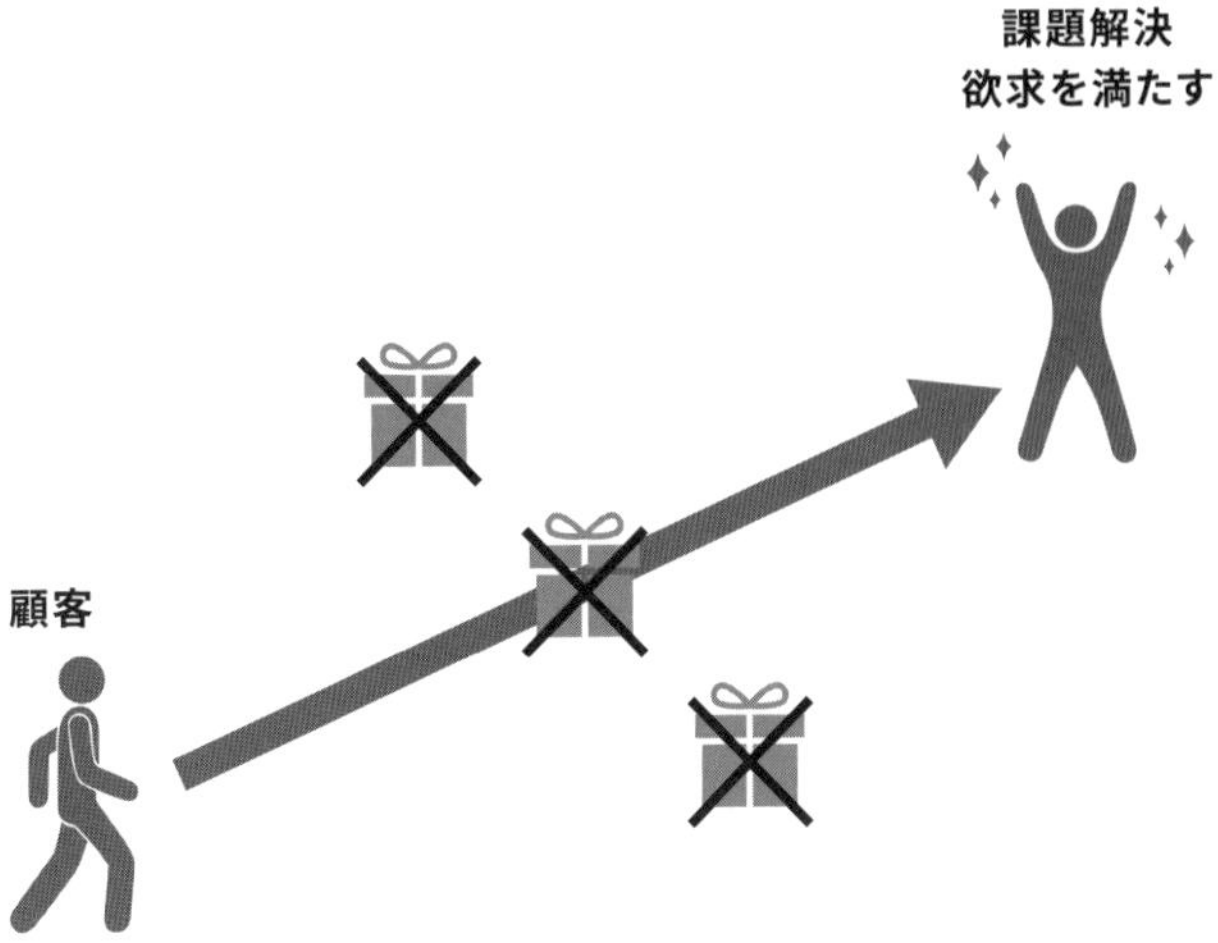

ビジネスというのは
顧客の課題解決
もしくは
欲求を満たし
顧客と私達を
幸せにするためのもの

担っています。

そのために、3章5項で解説した、「顧客の本音を引き出す7つの質問」を使ってみてください。

「顧客を知るものはビジネスを制す！」です。

顧客の課題・欲求にあなたの商品・サービスが必要であれば、全力で提案しましょう。

売るのではなく、提案するのです。

もし、顧客の課題・欲求に合っていなければば、それ以上あなたの商品・サービスを提案するのはやめて、他の誰か解決できそうな人や他の商品・サービスを紹介して、いずれまたその課題・欲求が解決できるタイミングがきた時に、提案をするようにしましょう。

継続的にコミュニケーションをとれるようにして（LINE公式やメルマガやDMなど）、無理なセールスをせず、よいコミュニケーションを継続してください。

必要としている人に、必要な商品・サービスの価値を届けられる力をつけて、売り込むのではなく、欲しがられるブランドになるために、さあいこうか！

8 「集客できない」のマインドブロック解消法

集客という大きな括りで考えてしまうと、「集客できない」というマインドに陥りやすくなります。

集客は目的ではなく、通過点であり、顧客に購入してもらい、喜んでもらい、顧客の望む未来に導くことがビジネスの目的でしたね。

ですから、集客ではなく、スタートからゴールまでを描き、その過程で何をすればいいのかを考えると、集客できないというマインドが変わってきます。

ここでは、５Ａカスタマージャーニーを使い、「集客できない」のマインドブロックを解消していきます。

カスタマージャーニーとは、商品サービスを購入する人物像の行動、思考、感情をイメージし、認知から検討、購入・利用、推奨へ至るシナリオを時系列で捉える考え方です。

３章６項のレシピ、提供する相手を具体的にイメージしながら５Ａに沿って進めてください。

・AWARE（認識する、知る）

まずは、顧客があなたの商品サービスを認識して、知ることから始まります。

顧客はどんな時に、どんな媒体を見て、あなたの商品・サービスを認識しますか？

ＳＮＳでしょうか？　ブログでしょうか？　ＨＰでしょうか？

・APPEARL（記憶や印象に残る）

顧客は、どんなキャッチコピーやネーミングだと記憶や印象に残るのでしょうか？

・ASK（調べる）

顧客が興味を持ってくれて、あなたの商品サービスを調べる時にいきつく媒体は何でしょうか？

図4-8

提供する相手を具体的にイメージしながら5Aに沿って進める

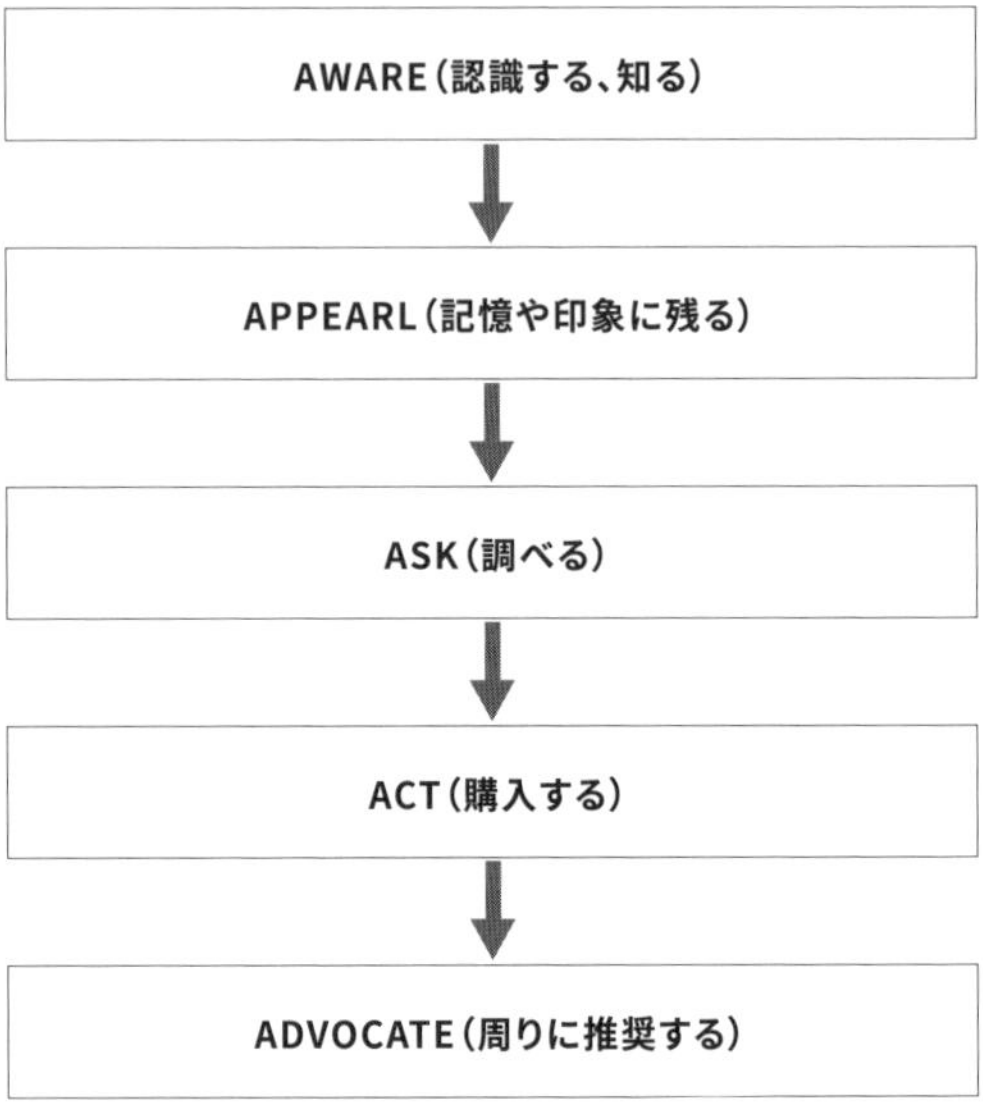

その媒体では、より「欲しい！」と思ってもらえるような内容になっているでしょうか？

・ACT（購入する）

購入しやすくなっているでしょうか？

購入方法は、くわしく明記されているでしょうか？

・ADVOCATE（周りに推奨する）

周囲におすすめしたい商品・サービスでしょうか？

購入した後のアフターフォロー計画はしっかりと練られていますか？

利用する時のわかりやすい解説はされているでしょうか？

購入した顧客が、周囲におすすめしたり、シェアしたり、SNSで投稿することによっても、集客につながっていきます。

いかがでしょうか？

集客という大きな括りで考えるのではなく、細かく分けることにより、その流れの中で、何をして何を準備しておくと集客できて、購入にいたるということが見えてくると思います。

そうすることで、「集客できない」から「伝わる集客」に変わり、マインドブロックが解消されていきます。

コツは、どう集客するのかではなく、どう買ってもらうかでもなく、どうやって顧客の自己実現を満たすのか、ここをゴールにすえることです。

顧客の自己実現を満たし、知ってもらい、買ってもらい、あなたのすばらしい商品・サービスを、顧客が自分のことのように周囲におすすめしてもらうために、さあいこうか！

9 「差別化できない」のマインドブロック解消法

「差別化できない」のマインドブロック解消法を解説する前に、お伝えしておきたいことがあります。

大丈夫です。一度でも購入してくれた顧客がいれば、もう差別化できていますよ。

なぜなら、何かしら理由があって、顧客はあなたの商品サービスを購入したからです。

その理由が「差別化」そのものなのです。

たびたび本書で活用場面が出てくる、第3章5項の「顧客の本音を引き出す7つの質問」が役立ちます。

②と④の質問に注目してください。

②最初に、私の◯◯がいいなぁと思った理由と、そう思った時はいつですか？

④他にも似たような◯◯があったと思いますが、何が決め手で今の◯◯を買ったのですか？

この2つの質問で出てきた回答が、あなたの商品・サービスを購入した理由であり、差別化ポイントです。

顧客から出てきた差別化ポイントは、どんなポイントだったのでしょうか？

・優しそうだったからでしょうか？

・真面目そうだったからでしょうか？
・熱意を感じたからでしょうか？
・近くにいたからでしょうか？
・安心できたからでしょうか？

自分自身では「こんなの差別化にならない」と思っていたとしても、「答えは市場が知っている」ですから、大きな差別化ポイントなのです。

自信をもって、さらにその差別化ポイントを磨き上げてください。

私のモットーは、「ひたすら楽しく優しくわかりやすく」です。

今でも、ひたすら楽しく優しくわかりやすくするために、毎日精進し、ひたすら人間性とサービスをこの通りに磨き上げています。

そうすることで、選ばれる強いブランドになっていくのです。

答えはあなたの頭の中にありません。顧客の頭の中にあります。

自分自身で差別化ポイントがわからなければ、答えを持っている顧客に聞いてしまえばいいのです。

「差別化は難しい」「差別化できない」「どうやったら差別化できるのか」と悩む必要はありません。

図4-9

最初に私の〇〇がいいなぁと思った理由とそう思った時はいつですか？

↓

これがあなたの差別化ポイント！

↑

他にも似たような〇〇があったと思いますが何が決め手で今の〇〇を買ったのですか？

悩む時間があるのであれば、その時間は、顧客に質問する時間に変えてしまいましょう。

購入してくれた顧客に感謝し、顧客の本音を聞き出し、さらによい商品・サービスに改善し、喜んでくれる商品・サービスに磨きあけ、もっともっと多くの顧客に喜んでもらうために、さあいこうか！

第5章

「さあいこうか！ステップ③」自分で集客しなくてもいい0円集客方法

1　自分で集客する力をつけるには時間が必要

本章では、次項から自分で集客しなくてもよい0円集客方法を厳選してお伝えしていきますが、まずは、自分で集客をしていく0円集客方法から。

今では、ネットを使わない集客方法は考えられません。ネットでの0円集客で、昔からある手法といえばSEOです。

SEOとは、Search Engine Optimization（サーチ・エンジン・オプティマイゼーション）の略で、日本語では「検索エンジン最適化」です。

ご存じの方も多いと思いますが、改めて簡単に説明すると、狙ったキーワードでGoogleやYahoo!で検索した時に、自分のホームページが上位に表示されるようにしていくことを指します。

昔は、いろいろなテクニックがありましたが、今のSEOはシンプルにいうと、「よいサイトをつくる」これがSEOの基本です。

「検索エンジン最適化（SEO）スターターガイド」で検索すると、GoogleがSEOに関してこうすればいいよ、というのをまとめたサイトがあるので、この通りにウェブサイトを構築していくと、顧客ががんがん集まるウェブサイトができ上ります。

ＳＥＯ以外でネット０円集客といえば、今はＳＮＳです。

昔は、mixi でたくさん集客できた時代もありましたが、今は YouTube、TikTok、Instagram、Twitter、Facebook、ＬＩＮＥ公式、Clubhouse、Voicy など、さまざまプラットフォームがあります。

この他にも、ＬＩＶＥ配信アプリが山のようにあります。

ＳＮＳでのＬＩＶＥ配信もあります。

また、さらに違うプラットフォームも出てくることでしょう。

「ＳＮＳは複数やった方がいいの？」

「ブログでの発信はした方がいい？」

「ホームページは必要？」

こういった質問をよく受けるのですが、答えはすべてＹＥＳです。

たとえばＳＮＳで言えば、これから5年はまだまださらに伸びていきます。

伸びていく集客方法を使わずに、他の手段で集客していく方が難易度が高いと思いません

図5-1

ネット0円集客

着実に育てていくことで、いずれ大きな集客の柱になる

取り組んだ時間は必ずあなたの集客になる

か？

　このように、ネットでの０円集客方法はやまのようにあるのですが、ＳＥＯから始まり、ＳＮＳ、ＬＩＶＥ配信に共通していることは、成果が上がるまでに比較的時間がかかるということです。時間はかかりますが、着実に育てていくことで、いずれ大きな集客の柱になってくれます。

　使うこと、やってみること、慣れること、そうすることで、また次の新しいサービスが出てきた時に、

いち早く取り組むことができ、チャンスがつかめます。

ひとまず様子をみて、後でいいやという意識を変えない限り、チャンスはつかめません。だからすぐに始めましょう。

SNSに関しては、私が主宰でSNSマーケティングのスクールを運営しているので、SNS攻略について細かく解説したいところなのですが、この内容だけで何冊も本ができてしまうので、本書では解説しません。

ただもう一度、本書で改めてお伝えしたいことは、伸びていく集客方法を使わずに、他の手段で集客していく方が難易度が高いと思いませんか？　ということです。着実に育てて、強いSNSアカウントにしていきましょう。

SEOに強いウェブサイトを育てていきましょう。

SNSで発信し、強いブランドアカウントにしていきましょう。

取り組んだ時間は、必ずあなたの糧になります。

2 自分で集客せず、顧客から紹介してもらう方法

ここからは、自分で集客しなくてもよい0円集客方法をお伝えしていきます。

まずは、顧客から紹介される方法です。

商品・サービスを信頼して購入した顧客が、「あの人いいわよ」「あの商品いいわよ」「あのサービス最高！」と、他の見込顧客を紹介しれくれる流れがつくれるとビジネスは安定していきます。

あなたが自分の商品・サービスのよいところを伝えるより、はるかに強力で信頼を得られやすいのが、顧客の成功談です。

この顧客の成功談を、インタビュー形式の動画で用意しましょう。

ここでも、第3章5項で出てきた、顧客の本音を引き出す7つの質問が役立ちます。

7つの質問にプラスして、もう1つ加えたインタビュー用の8つの質問を使って、顧客成功談インタビュー動画を作成してください。

インタビュー用の8つの質問は下記のとおりです。

1. ◯◯を購入する前（利用する前）どのような悩みがありましたか？
2. ◯◯を購入したい（利用したい）と思った理由は？
3. 購入前（利用前）に不安はありませんでしたか？　もしあれば具体的に教えてください。
4. 何が決め手となり、購入（利用）を決めましたか？

5. 実際に購入（利用）してみて、よかったことは何ですか？
6. 購入後（利用後、どのような変化がありましたか？
7. 他の方に◯◯を薦めたいと思いますか？ その理由を教えてください。
8. 購入（利用）を検討中の方へ、メッセージをお願いします。

この8つの質問を使って、できるだけ具体的な内容を顧客から引き出しましょう。実際にリアルな現場で、対談形式での収録ができればそれに越したことはないのですが、Zoomの録画機能でもかまいません。

Zoomであれば、オンラインでの録画ができるし、顧客側の負担を減らすこともできます。動画は、3分から5分くらいがいいでしょう。

8つの質問で引き出した内容をコンパクトに編集すると、だいたい3分から5分くらいになります。

例として、私が主宰する『営業ゼロでも受注倍増！ あなたから買いたい！ というブランドに変わるビジネスサクセス2day短期集中講座』（ビジネス・サクセス・セミナーで略してBSSと呼ばれている）の顧客成功談インタビュー動画を、巻末のQRコードから紹介し

図5-2

8つの質問を元に作成されている
顧客成功談インタビュー動画
巻末のQRコードからご視聴いただけます

ます。

8つの質問を元に作成されていて、3分から5分くらいに編集されています。

このセミナーは、ご受講者から「人生で最高な思い出の日となる2日間」と讃えられていて、私が思いっきり向き合い、全力でお届けしている講座なのですが、私が説明するよりも、顧客の成功談を聞いたほうがわかりやすいし、伝わりやすいということがわかると思います。

おそらく、あなたも受講したくなるのではないでしょうか。

3　自分で集客せず、第三者から紹介してもらう方法

紹介をたくさんいただけたらうれしいですよね。

ここでは、自分で集客せず、他者から紹介してもらう方法をお伝えしていきます。

他者から紹介してもらうために一番大事なことは、顧客を具体的にイメージできるように伝えられるかどうかです。たとえば、「彼氏（彼女）がいないんだけど、誰か紹介して」と言われたら、どうしますか？

おそらく、「どんな人が好みなのか？」を聞くと思います。

・年齢はいくつくらいがいい？
・住んでいるところは？　遠くてもいいの？　近いほうがいい？
・性格はどんな人？　優しい人？　面白い人？
・外見はどんな人がいい？　背は高い？　低い？　キレイ系？　かわいい系？
・有名人でいうと、どんな人？

など、具体的に頭の中でイメージできるように聞き出していくと思います。

ここが大事です。頭の中のデータベースに何人かヒットすると、「あー、当てはまる人が

何人かいる！　今度紹介するね」となるのです。

逆にイメージができないと、すぐに忘れてしまいます。

これはビジネスの紹介でも同じことが言えます。

顧客候補となる企業や人を紹介してほしいのであれば、具体的にどんな業種で、どれくらいの事業規模で、どの地域にいて、どんな企業や人なのか、相手が明確にイメージできるように説明しましょう。

経営者・起業家同士のつながりから、ビジネスの発展を求めて経済団体に加入される方が多いのですが、紹介が多く生まれるＢＮＩという経済団体があります。

ＢＮＩは世界最大級のビジネスリファーラル（紹介）組織です。ＢＮＩの理念は「Givers Gain®」（ギバーズゲイン）「与える者は与えられる」というものです。

毎週、数多くの紹介が生まれます。

私もＢＮＩに加入していますが、週に１００件以上の顧客をご紹介いただくこともあります。

図5-3

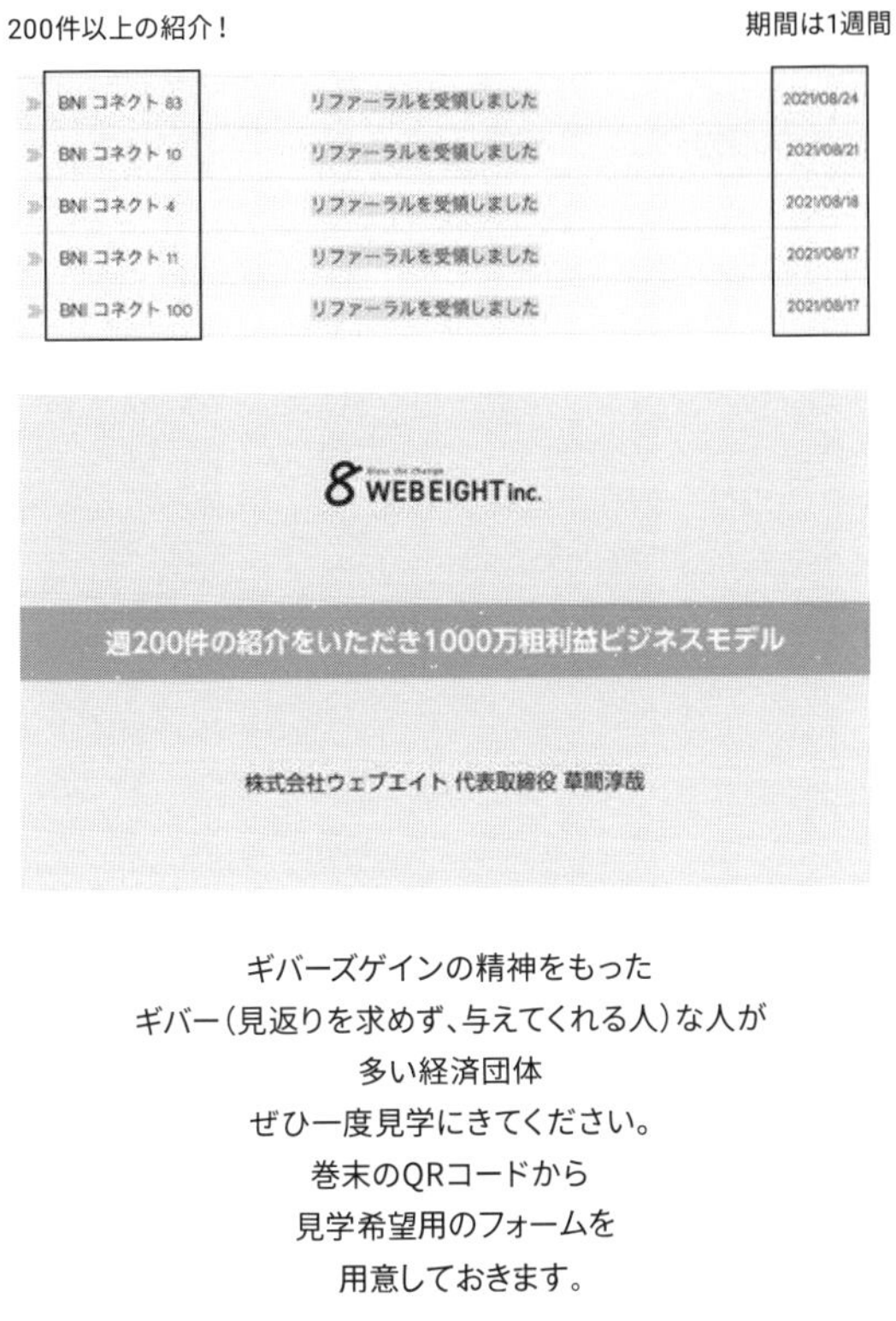

ギバーズゲインの精神をもった
ギバー（見返りを求めず、与えてくれる人）な人が
多い経済団体
ぜひ一度見学にきてください。
巻末のQRコードから
見学希望用のフォームを
用意しておきます。

どうやって、こんなにも多くの紹介が生まれるのか知りたい方は、お気軽に私にお問い合わせください。

巻末のQRコードから、見学希望用のフォームを用意しておきます。

日時を合わせて、一度見学にきていただければ、熱気のある経営者・起業家から顧客紹介を受けたり、その仕組みを知ることができます。

また、その時にどんな顧客を紹介してもらいたいか、相手に明確にイメージできるように説明できれば、ギバーズゲインの精神をもったギバー（見返りを求めず、与えてくれる人）が多いので、一度ご参加いただくたけでも顧客紹介が生まれるかもしれません。

見学は無料だし、無理な勧誘もしないので、ぜひ見学にきていただければと思います。

4　自分で集客せず、メディアから紹介してもらう方法

ちょっと想像してみてください。

さまざまなメディアで、あなたの商品サービスが取り上げられ、話題となり、お客様が殺到して、うれしい悲鳴を上げている姿を。

起業初期段階で、あなたのブランドの認知が一気に広がり、多くの集客につながる強力な方法は、メディアに掲載されることです。

現在は、マスコミ4媒体（テレビ、新聞、雑誌、ラジオ）の他に、ウェブメディアも多く

なってきました。

また、個人が発信するブログやSNS自体にものすごい数のファンや閲覧者が付いている場合もあり、さまざまなメディアに取り上げられる可能性が高まってきています。

幸いにも、私も多くのメディアに出させていただいているのですが、これは取材を待っていたのではなく、意図的にこちらから連絡をして取材に来てもらっています。これを可能にするのがプレスリリースです。

多くの人が、日常的にメディアから情報を得ていますから、認知向上や集客として、抜群の効果があります。

たとえば、新聞の1面に広告を出すとしたら、いくらくらいかかるでしょうか？

地方紙でも、数十万から数百万円、全国紙であれば数百万から数千万円、下手をすると億を超えることもあるでしょう。

さらに、広告だと思った瞬間に人は見ないという心理的なデータがありますから、広告ではなく、市場が普通に読んで受け止めてくれる記事として掲載されることで、より効果が高まります。

メディアに取材にしてもらうためのプレスリリースのコツをまとめます。

図5-4

これで勝負 ウェブエイト (松本市)

企業の魅力生み出す「ブランディング」

業種問わず 中小企業を支援

著者も数十回、テレビ・新聞含めてメディアに取り上げられています。
プレスリリースして取材していただいたサンプルを用意してあります。
プレスリリース時に参考にしてみてください。
巻末最後のQRコードから。

① 目立つタイトルとリード

メディアの担当者は、毎日相当数のプレスリリースを見ています。手の込んだ、長い企画書のようなプレスリリースは逆効果です。シンプルに、Ａ４用紙１枚か２枚に収まるように、要点をまとめて送るのがコツで、見出しとなるタイトルと、その後のリード文が重要になってきます。

② 数字や要点をわかりやすく

「初めて」とか、「何回目」とか、「何万人」とか、数字でわかりやすくすると惹きつけられやすい傾向があります。一瞬で興味を惹かないと、メディアは取材に来てくれません。

③ 内容をまとめてわかりやすくする

プレスリリースの内容がよくまとまっていると、取材に来たときに記者の理解度が高まり、よい取材につながり、記者はよい記事を書きやすくなります。

専門用語は使わず、５Ｗ１Ｈに沿って「いつ（When）、どこで（Where）、誰が（Who）、何を（What）、なぜ（Why）、どのように（How）」を簡潔にまとめましょう。

④ 記者やディレクターとつながっておく

記者やディレクターは、常にネタを探しています。

彼らと仲よくなり、直接連絡したほうが、記者やディレクターは喜びます。

⑤ 繰り返し送る

掲載されなくても、定期的に送りましょう。そして、同じフォーマットで熱い想いを伝え続けましょう。ブランドの認知は、継続することで高まります。

あなたの想いが伝わり、返報性の原理も働き、掲載されやすくなります。

私が実際にプレスリリースして取材していただいたサンプルを用意してありますので、プレスリリース時に参考にしてみてください。

巻末最後のQRコードからダウンロードできます。

5 自分で集客せず、他者の信頼を借りて集客する方法

自分で集客せず、他者の信頼を借りる方法を、ジョイントベンチャーと言います。コラボレーションとも言うし、略してコラボとも言われます。

たとえば、私が有名講師Aさんと一緒にセミナーを開催するとします。

Aさんのファンは、Aさん目的でセミナーに来るので、私のことは知りません。

でも、結果的にそのセミナーで私のことも知って、「草間という講師もなかなか面白いし、いい話するじゃないか。ちょっと相談してみようかな」となれば、私はうれしいですよね。

私のことを知らない人が、私のことを知っていただく機会につながり、結果、集客につながります。

これは、Aさんの信頼を借りています。

もし、私がAさんと同じように時間をかけ、同じように専門性をみがき、同じように信頼を得ていくことを考えたら、どれだけの年月がかかるのでしょうか。

人生が、いくつあっても足りません。

このように他者の信頼を借り、コラボをすることで、自分だけの力や費せる時間を超えて集客できるようになります。

まず、簡単でやりやすいコラボの方法としては、SNSでのコラボです。

インスタライブでのコラボはとても簡単です。コラボ機能（共同投稿）でもいいでしょう。

最大4名でライブ配信ができる機能「ライブルーム」もあります。

もちろん、YouTubeでのコラボもありです。

「コラボレーションのヒント YouTube ヘルプ」で検索すると、YouTubeがより多くのファンにリーチする方法として、コラボをおすすめしています。

音声配信SNSのClubhouse（クラブハウス）や、Twitterの音声配信機能のTwitterスペース、Facebookのライブオーディオ機能のルームなど、音声配信であれば顔出しすることなく、気軽にコラボができます。

SNSでなくても、誰かと一緒にお茶会をしたり、セミナーをしたり、イベントをしたり

図5-5

株式会社〇〇御中
サービス連携のご提案
株式会社ウェブエイト
代表取締役　草間淳哉
©2023 WEB Eight inc.

私がコラボする時の提案書と契約書のサンプルを差し上げます。
巻末最後のＱＲコードから。

することもできます。

このように、集客としてとても有効な手段のコラボですが、５つのステップがあります。

①　ジョイントベンチャーしたい先をリストアップする

制限なくリストアップしてください。

②　その相手が何を求めているのか聞き出す

コラボ相手が求めていることがわかれば、コラボの可能性が高まります。

③　提案をして、契約を結ぶ（テンプレート差し上げます）

相手が求めていることに対して、こちらが提供できることを示し、提案します。

私がコラボする時の提案書があるので、その契約書を巻末のＱＲコードからダウンロードできるようにしてあるので、参考にしてください。

④　相手のメリットに最大限貢献する

よいコラボをするために、まずは相手に最大限メリットがあるように貢献してください。

⑤　自分もメリットを得る

そして、最後に自分もメリットを得ます。

こうすることで、コラボ先とよい関係を築くことができ、お互いにメリットがある形で長くコラボができます。

本書を読んでくださっているあなたと私もつながりたいです。せっかくですから、私とコラボしませんか？

あなたの求めていることを教えてください。

私が求めていることもお伝えしますので、上手にコラボしましょう。

6 他者の信頼を借りてさらに一気に飛躍する方法

アメリカNo.1マーケターであり、伝説のマーケターと言われるジェイ・エイブラハム氏。

その彼が、ラジオでこんな質問をされました。

「最も強力な戦略をたった1つ選ぶとしたら何ですか？」

ジェイ・エイブラハム氏は即答しました。

「ジョイントベンチャー（戦略的提携）だ」

このようにジョイントベンチャーは、世界的マーケターも認める強力な手法なのですが、前項では簡単にできる方法をお伝えし、本項ではさらに一気に飛躍するジョイントベンチャーの方法をお伝えします。

戦略的提携とあるように、ジョイントベンチャーも戦略的に行なう必要があるのです。

どんな顧客に対して、どれくらいの集客数や売上目標であり、それを達成するために、お互いの強みを活かして、役割を決めておきましょう。

ジョイントベンチャーで一気に飛躍するためには、集客の役割をする側と、よいコンテンツを届ける側をはっきりさせることが必要です。

たとえば、エステティシャンとネイリストがジョイントベンチャーしてイベントを開催するとします。

どちらも、相手が集客してくれると思い込み、お互いに集客せず、せっかくのイベント開催が失敗してしまう。

役割をはっきりさせておかないと、こういったことが多々起きてしまいます。

私はジョイントベンチャーが得意で、ほとんどの集客はジョイントベンチャーで成り立っています。

その時には、必ず役割をはっきりさせています。

自分でセミナーイベントを開催する時は、私が集客をします。

その代わりに、一緒にジョイントベンチャーしていただく相手には、思いっきりよいコンテンツを提供していただくようにお願いしています。

逆に呼ばれる時は、よいコンテンツを届けることに注力しています。

開催側（集客側）に迷惑をかけないよう、参加してくださる顧客に喜んでもらうために、全力でよいコンテンツに仕上げています。

もちろん、開催側（集客側）に感謝の想いをこめて、「こんなセミナーイベントに登壇しますよ！　みなさんも見に来てね！」と、集客のお手伝いも最大限させていただいております。

さらに、強力なブランドとジョイントベンチャーできる方法があります。

それは、著作権フリーなブランドを活用させてもらうという方法です。

漫画「ブラックジャックによろしく」

漫画家の佐藤秀峰さんは、「ブラックジャックによろしく」について、自由に二次利用できるようにしてくれています。

商用・非商用を問わず、作品を出版したり、小説化や映画化などを無料で自由に行なうことができるのです。

利用についての事前連絡も不要で、使用料なども一切要求しないという意向です。

すばらしい！　ありがたい！　感謝！

ということで、私もここで「ブラックジャックによろしく」を活用させていただき、あなたにメッセージを届けたいと思います。

図5-6

7 まずは自分が相手に貢献しよう

ここまで、自分で集客しなくてもいい0円集客方法として、効率的に紹介が増える方法や、ジョイントベンチャーなどをお伝えしてきました。

ここで、とても大事なことをお伝えします。

紹介やジョイントベンチャーを成功させるために、一番大事なこと。

それは何かというと、まずは自分が相手に貢献しよう！　ということです。

たとえば、顧客から紹介してもらったら、紹介マージンを用意しておく。

たとえば、セミナーイベントを主催する集客側であれば、多くの人を集客して登壇者のことを知ってもらい、参加者にも登壇者にも最大限のおもてなしをする。

たとえば、セミナーイベントに登壇者として呼ばれた側だったとしても、自分のＳＮＳなどでイベントの告知をして、集客に貢献する。

たとえば、プレスリリースしてメディア掲載された後も、記者やディレクターに連絡して、「最近、どんなネタを必要としていますか？」とフォロー連絡をする。そして、当てはまる友人や知人を紹介する。

など、相手へ貢献するから、最終的に巡り巡って、自分にもよいことが返ってきます。

相手に対して貢献するから、相手があなたなしではいられないようになり、深い信頼でつながり、ジョイントベンチャーや紹介が連鎖していくようになるのです。

自分の見返りは後です。

まずは、相手に思いっきり貢献しましょう。

また、集客に悩まれる方が多いからこそ、イベント主催側、つまり集客側を自分から進んで引き受けるということも効果的です。

たとえば、「１００人の成功ノウハウ１００連発」という24時間ＬＩＶＥセミナーイベントを開催された、岡森英幸さんと出口理恵子さん。

彼らは、登壇される方々へのセミナー内容を一緒に考えたり（１００人ほぼ全員に！）、開催後もその登壇した方々のノウハウをＰＤＦとしてまとめ、セミナー視聴者に配布しました。

これは、参加者にとってもノウハウがまとまっているからうれしいし、参加者はそれを見てまた登壇者に問い合わせするので、登壇者にとってもうれしいし、双方ともにうれしい結果となります。

みんなから感謝があふれ、愛されファンが増え、このイベントを機に応援してくれる人が続出しました。

イベント主催側、集客側でセミナーイベントを開催するのに、もっともオススメの方法があります。

それは、著者の出版記念イベントを主催することです。

図5-7

私自身も本書出版に合わせて、様々なところで出版記念講演をします。
多くの方にこの本をお届けしたいので、登壇料はいくらでもかまいません。
出版講演依頼フォームを用意してあります。
巻末のQRコードからお気軽にお問い合わせください。

著者は、本を売りたいので、登壇料はいくらでも喜んで登壇してくれます。

そして、一気に著者と仲よくなれるし、その後も何かあるたびにジョイントベンチャーがしやすくなります。

たとえば私自身も、本書出版に合わせて、さまざまなところで出版記念講演をする予定です。

多くの方にこの本をお届けしたいので、登壇料は無料でもかまいません。

喜んで駆けつけますし、集客のノウハウも提供します。感謝を込めて、他にも思いっきりいろいろなノウハウを提供します。

講演依頼フォームを用意してあるので、巻末のＱＲコードからお気軽にお問い合わせください。

8 チャンスを複数回にしよう

チャンスは1回のみ！　なのと、チャンスが何度もある！　とでは、どちらがいいですか？

答えは明白ですね。

たとえば、YouTube広告やFacebook広告を使って、あなたのセミナーに興味関心を持っている人を集めたいとします。

この時に、広告で集めようとしても、もしそのセミナー開催日時が相手の予定と合わなければ、そのセミナーに参加できるチャンスは1回になってしまいます。

次の広告を出した時に、たまたまその人がまた見てくれればいいですが、都合よく見てくれるかどうかはわかりません。

ですが、もしその人がLINE公式やメルマガなどに登録してくれていたとしたら、どうなるでしょうか?

その人とつながっていて、また違う日時で開催するセミナーを案内できるので、そのセミナーに参加できるチャンスが、何度も訪れます。

顧客にとって、参加できるチャンスが増えるし、あなたにとっても再度顧客に案内できるチャンスが増えます。

双方にとって、よい形になるのです。

リードジェネレーション

このように、LINE公式やメルマガに登録してもらい、見込顧客を増やしてアプローチできるチャンスを増やしていくことを、マーケティング用語でリードジェネレーションと言います。

ネット上だけではなく、リアルなイベント開催や展示会で名刺をもらったり、アンケートを書いてもらい相手の住所や情報を得ることも、同じようにリードジェネレーションです。

図5-8

リードナーチャリング

そして、その見込顧客に対してよい情報を提供し続け、信頼関係を築き上げていきます。

この「信頼関係を築き上げていく」ことが大事なのです。

少し、顧客側

になって想像してみてください。

毎回連絡がくるたび、その連絡がセールスであったとしたら。

うんざりしてしまいますよね。

ＬＩＮＥ公式であればブロックされてしまったり、メルマガであれば解約されてしまったり、迷惑メールとして扱われてしまう可能性もあります。

「信頼関係を築き上げていく」ためによい情報を提供し続け、見込顧客が「欲しい！　買いたい！」となるようなコミュニケーションをとっていくことを、マーケティング用語でリードナーチャリングと言います。

売り込むのではなく、「欲しい！　買いたい！」と思われるコミュニケーションをとり、絶妙なタイミングで商品サービスを提供するようにしましょう。

第6章

「さあいこうか！ステップ④」持続可能なビジネスモデルはファン化がカギ

1　自然にあなたのファンが増えていくビジネスモデル

安定した収益に欠かせないのが、あなたのファンです。

ファンが自然に増えていくマーケティングモデルがあります。

これを、ＦＦＭＢモデルと言います。

Ｆ：Free-end（フリーエンド）

これは、無料のサービスのことを指します。

フリーエンドでは、利益を得るのが目的ではなく、認知度を高めたり、無料サービスを通じて、あなたの商品・サービスに興味がありそうな人を集めることが目的となります。

たとえば、一定期間無料でお試し利用、無料レンタル、本の1章まで無料で読める、有料級な無料メルマガ、ＬＩＮＥで無料相談、ひとつお試し無料作成、無料試飲、無料試食、無料体験会などがフリーエンドにあたります。

F：Front-end（フロントエンド）

安価な商品・サービスを提供し、見込顧客から「本当の顧客」になってもらう段階です。

フロントエンドでも、利益を得るのが目的ではなく、あなたの商品・サービスをより深く知ってもらうことが目的となります。

たとえば、入門講座や初回お試し価格で提供しているサービスなどが、フロントエンドにあたります。

フロントエンドでは、利益をもとめませんが、顧客に合わせて集客しやすく、販売しやすい商品・サービスで、思いっきり価値が伝わる内容にする必要があります。

M：Middle-end（ミドルエンド）

最後のバックエンドの前に、安心してバックエンドを購入してもらうための、一歩手前の商品・サービスのことを指します。

ミドルエンドでは、利益を得ていくことが目的となります。

たとえば、1日集中講座や1ヶ月間しっかりと貸し出すなど、顧客が得たい未来を経験できる内容にする必要があります。

図6-1

FFMBモデル

■利益比率の目安

フロントエンド商品　10%
ミドルエンド商品　30%
バックエンド商品　60%

■販売数比率の目安

フロントエンド商品　60%
ミドルエンド商品　30%
バックエンド商品　10%

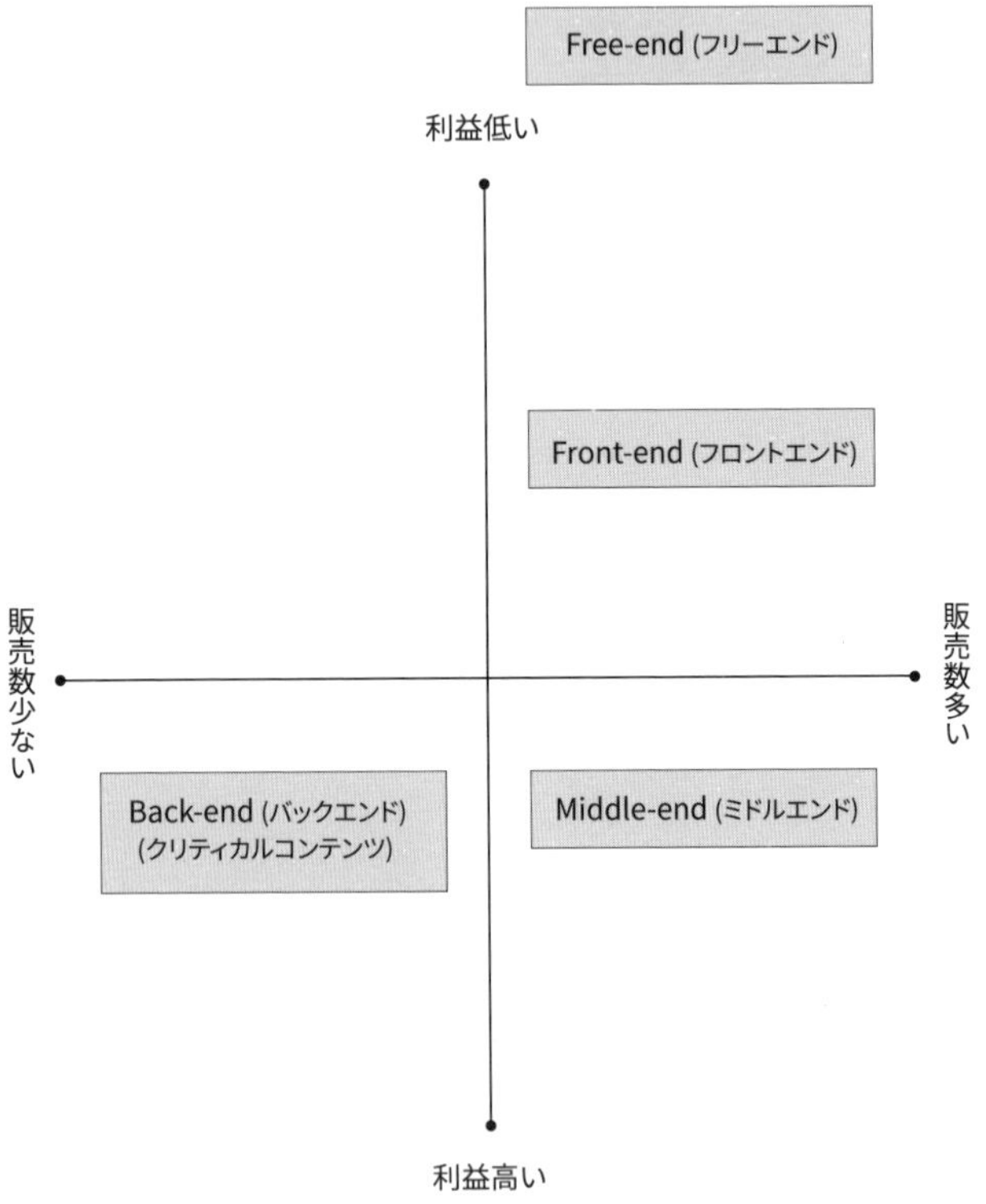

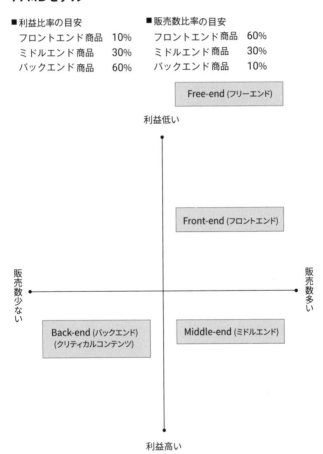

B：Back-end（バックエンド）

ＦＦＭＢモデルの最終段階です。

バックエンドでは、顧客に最大限の成果を出してもらうための、最高の商品・サービスです。

本書でいうところの、第3章8項で解説してきた〝クリティカルコンテンツ〟のことです。クリティカルコンテンツの定義は、「利益がしっかりと出て、これさえあればどんどんビジネスを伸ばしていけるサービス」でしたね。

ここで忘れてはならないのが「顧客に最大限の成果を出してもらうための、最高の商品・サービス」であることです。

当然、高単価サービスになり、あなたにとっても利益がしっかり出る商品・サービスです。あくまで目安となりますが、利益比率は、フロントエンドが10％、ミドルエンドが30％、バックエンドが60％。

販売数比率は、フロントエンドが60％、ミドルエンドが30％、バックエンドが10％くらいになることが多いのです。

ＦＦＭＢモデルを採用し、ファンが自然に増えていくビジネスモデルを築き上げましょう。

2　まずは受注率を高めることから

ＦＦＭＢモデルの他にも、ファンが自然に増えていくマーケティングモデルとして、マーケティングファネルというモデルがあります。ファネルとは「じょうご」とか「ろうと」のことを指します。

あなたの商品・サービスに対して潜在的に興味を持ってくださっている将来の顧客が、実際に商品・サービスを購入し、再度購入していただくまでのプロセスを各ステップに分けたものです。

セールスファネルとか、パーチェスファネルとも言われることがあります。

マーケティングファネルは、顧客を４つの段階に分けるとわかりやすくなります。

潜在顧客

あなたの商品・サービスのことをまだ知らないけれど、将来的に顧客になる可能性がある、未来の顧客のことを指します。

潜在顧客の課題・欲求を見定めて、響くメッセージで、届くメディアで情報発信をしていくことで、潜在顧客にあなたの商品・サービスを知ってもらうことができます。

見込顧客

あなたの商品・サービスに興味を持っていて、さらにあなたが直接連絡できる顧客のことを指します。

よく「見込顧客リスト」と言われますが、電話番号や住所、メールアドレス、LINE公式、Facebookの友達などで連絡ができる状態の顧客です。

購入顧客

実際に商品・サービスを購入した顧客のことを指します。

一度購入してくれた顧客は、新規顧客よりも再度購入してくれる可能性が高まります。

まずは安価でもいいので、購入していただき、価格以上の満足を得てもらいましょう。

再来顧客

リピートしてくれた顧客のことを指します。

この再来顧客を増やしてしていくことで、あなたのビジネスは安定していきます。顧客に

図6-2

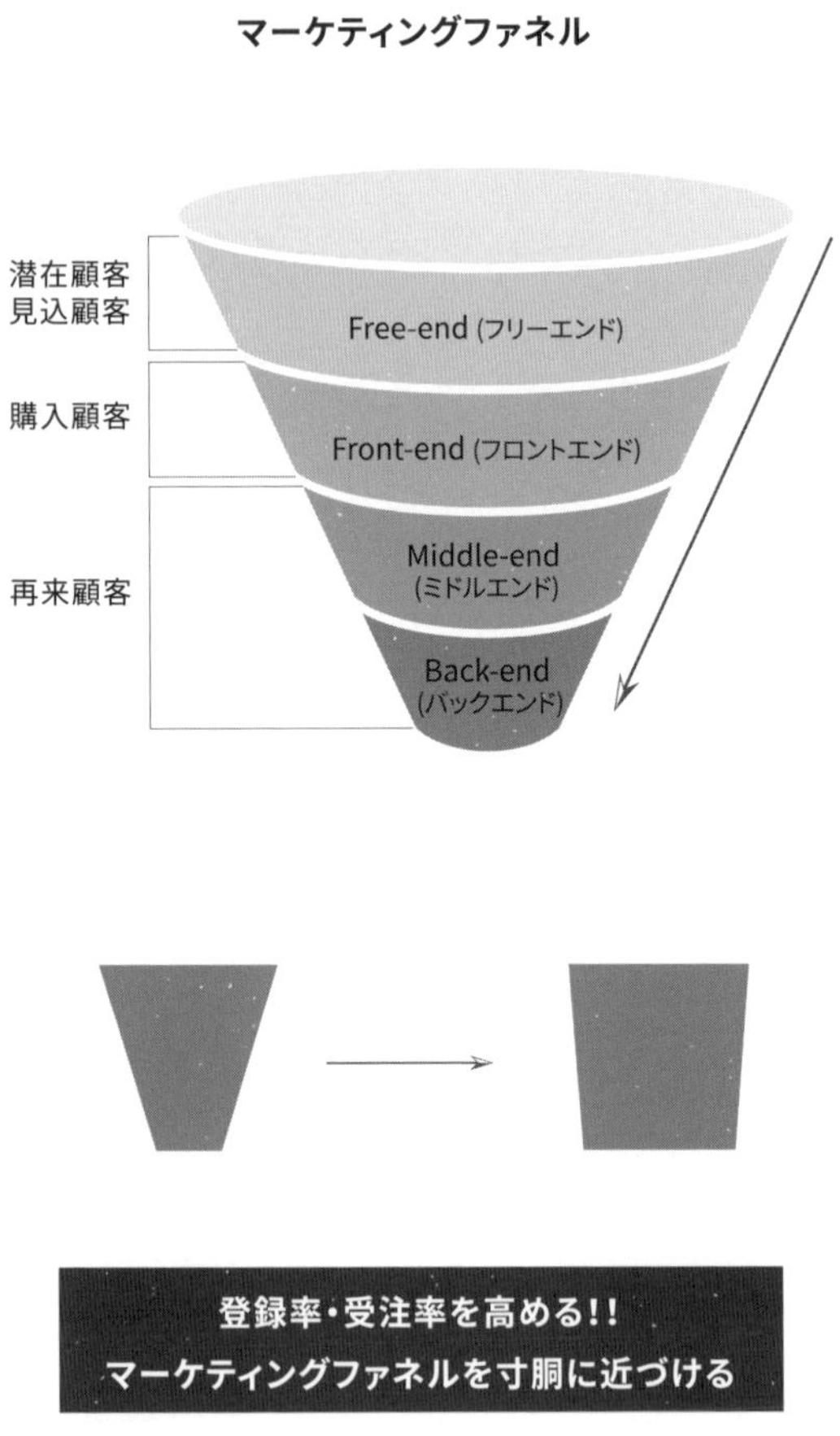
マーケティングファネル
潜在顧客
見込顧客
購入顧客
再来顧客
Free-end (フリーエンド)
Front-end (フロントエンド)
Middle-end
(ミドルエンド)
Back-end
(バックエンド)
登録率・受注率を高める!!
マーケティングファネルを寸胴に近づける

最大限の価値提供をすることで、再来顧客を増やしていきましょう。

マーケティングファネルにＦＦＭＢモデルを当てはめると、右図のようになります。

潜在顧客から見込顧客として、顧客情報を得るための登録率。

見込顧客から購入顧客として、実際に商品・サービスを購入してもらうための受注率。

購入顧客から再来顧客として、何度も何度も購入してもらうための受注率。

それぞれの率をよくして、マーケティングファネルを寸胴に近づけていくことでビジネスが安定し、売上げが伸びていきます。

ちょっと想像してみてください。

お風呂に栓をせずに、お湯を入れても一向にお湯はたまりませんよね。

同様に、登録率や受注率を上げることなく集客しても、顧客はたまっていきません。

集客は後、商品が先、そしてオファー（提案）を魅力的にしましょう。

まずは受注率を高めるために、思いっきり価値提供できる最高の商品・サービス（クリティカルコンテンツ）をつくり、顧客が「買いたい！欲しい！」となるような表現や伝え方を整え、オファー（提案）を魅力的にし、その上で集客をしていくようにしましょう。

3　プロポーズから逆算してデートプランをつくる

知らない人と初めて出会った時に、いきなりプロポーズされたら、あなたはどう思いますか？

また、プロポーズではなくても、出会って初めて自分のいいところばかりを自慢してくる人がいたら、どう思うでしょうか？

おそらく「苦手だな、この人」と思うのではないでしょうか。

あなたは、いきなり告っていませんか？

ビジネスは、出会い、恋愛し、結婚し、共に歩んでいく幸せな人生とよく似ています。

ビジネスは、顧客と幸せな関係を築き上げて、切っても切れない関係を構築していくことです。

プロポーズから逆算してデートプランをつくるのと同じように、商品・サービスを提供する流れを考えると、顧客もあなたも幸せな関係がずっと続くビジネスプランができあがります。

まず一番最初にすることは、どんな相手と幸せになりたいのか、を明確にすることです。

そして、その相手がどうなったら幸せなのか、自分自身もどうなったら幸せなのか、双方にとって幸せな未来をイメージします。

ビジネスに置き換えると、相手の課題や欲求に最大限貢献し、絶大なる信頼があるからこそ、あなたの高単価な商品・サービスを顧客が購入し、利用し続けている状態です。

ＦＦＭＢモデルでいうところの、バックエンドですね。

バックエンドを提供するために、断られないプロポーズをします。

プロポーズをする時、相手から断られないことをわかっていながらプロポーズしますよね。

モテない人ほど、相手の状況や相手の気持ちや、相手の信頼を考えずにプロポーズするので断られてしまうのです。

デートを重ねて、相手が望む幸せな人生像を理解し、自分の幸せな人生像も伝え、お互いにハッピーな未来が見えるからこそ、断られないプロポーズとなるのです。

プロポーズ前に、より親密なデートを重ねてお互いの信頼を築き上げる商品・サービスがミドルエンドです。

そしてフロントエンドは、間違いのない初回のデートです。

〝間違いのない〟ですから、「この人いいな」と思ってもらうために、相手に合わせたデートプランを考えるのです。

図6-3

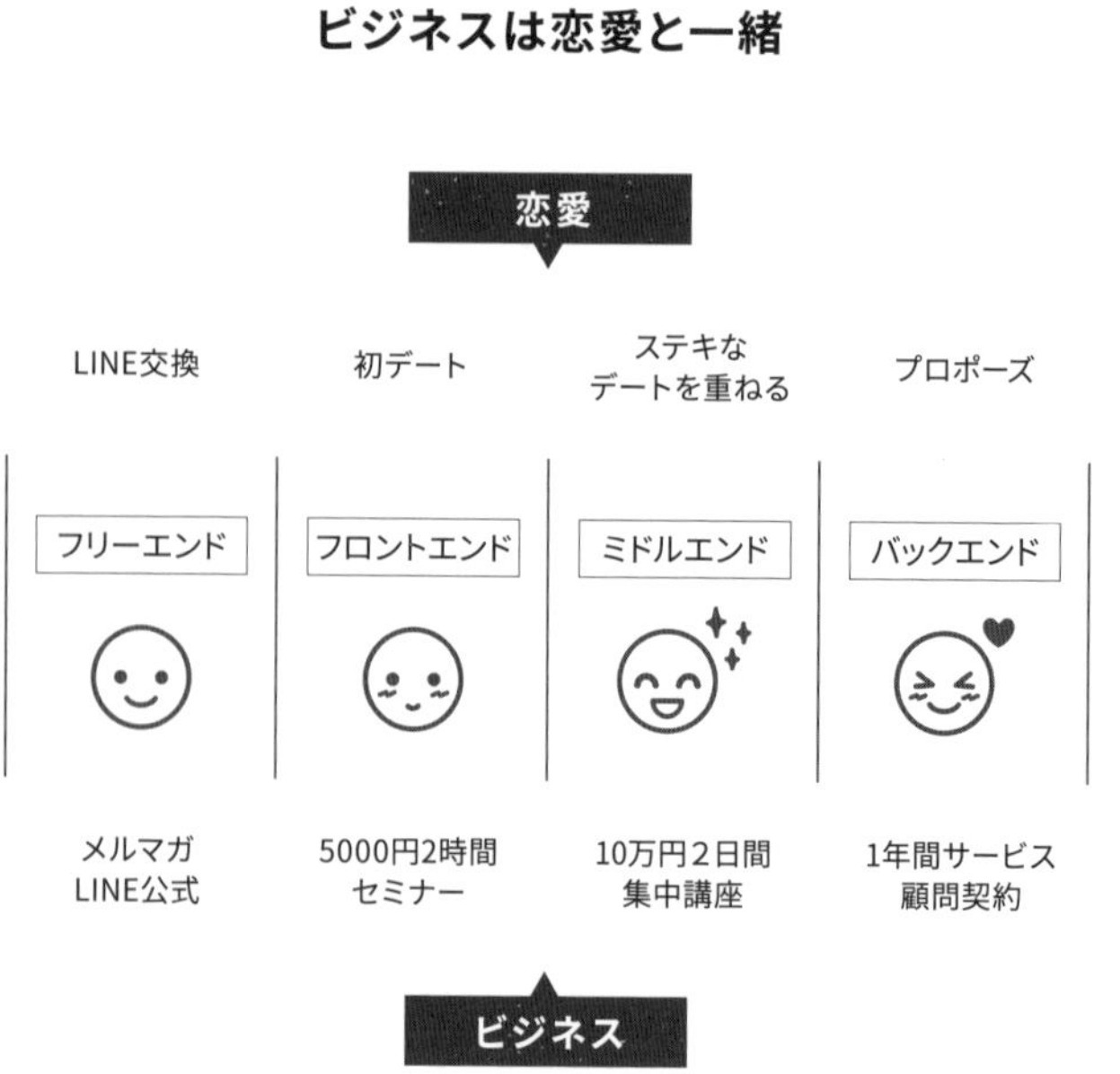

初回のデートでは、相手が緊張することなく、「行ってみたい！」と思うような場所やプランで考えます。

たとえば、相手がイタリアンが好きだとしたら、「人気のイタリアンのお店があって、私も好きなので、今度一緒に行きませんか？」と誘えば、ＯＫをもらえる率は高そうですよね。

そこで時間を醸成し、楽しい時間を過ごすからこそ、「あ、次も会いたいな」と思ってもらえるのです。

そして、初回のデートに

結びつくのがフリーエンドです。

たとえば、飲み会で知り合い、そのときは当然、自分の自慢話ばかりではなく、相手のことを知り、よく聞くからこそ相手の趣味嗜好がわかり、その趣味嗜好に合わせた話をするから、次の初回デートにつながるのです。

連絡を取り合う手段として、ＬＩＮＥ交換したり、Instagramでフォローし合ったり、電話番号を交換したりしますよね。

これがまさしくフリーエンドです。

いきなり告らない、いきなり自己アピールばかりしない。

相手を知る、相手との信頼を醸成する。

回数と時間を重ねれば重ねるほど、相手との信頼関係は深まりまその上で最高なプロポーズ、断られないプロポーズをして、顧客もあなたも幸せになる関係性を築き上げていきましょう。

4　プロポーズは2人きりの時にする

「フロントセミナーにたくさん集まったのに、１件も売れませんでした。成約率が悪いんです。どうしたらいいのでしょうか？」

このような相談をされることが多々あります。

これはズバリ、複数人に購入を促す提案（オファー）が難しいからです。

プロポーズは、やはり2人きりの空間の方がいいのです。

一対複数で提供していくのは、それなりにビジネススキルが身についた後でいいのです。

まずは、着実に1人1人に向き合い、一対一のカウンセリング、コンサルティング、面談をしていきましょう。

一対複数ではなく、一対一のほうがよい理由を3つお伝えします。

買いたい！　欲しい！　が大勢の場では言いづらい

行動心理学で、バンドワゴン効果というものがあります。

人は、『みんなと同じという安心感を得たい』と感じやすいので、本当は買いたいと思っていたとしても、様子を見ながら、その状況を見ながら迷うので、購入しづらくなってしまうのです。

もし興味関心があり、買いたいと思っていても、買わない人が多ければ、「あ、買わないほうがいいのでは」と思われてしまいかねないので、なるべく一対一の場で提案するようにしましょう。

個別の悩み、課題に対応しやすい

買いたいけれど、買えない。

その理由は、人によってさまざまです。

お金の問題かもしれないし、時間の問題かもしれないし、誰かの許可を得ないといけないかもしれないし、まだよくわかっていないのかもしれないし、必要性を感じていないのかもしれないし、これは相手に聞かないとわからないことです。

ですが、一対複数の場だと、この買えない悩んでいる理由が言いづらいので、解決されず、そのまま買わないという流れになってしまいます。

本当は買いたい欲求があるのに！

だからこそ、一対一の場で、他の人を気にしない安全な場で、その買えない理由を聞き出すことができれば、すぐにその買えない理由を解決して、「買います！」を引き出せることができます。

図6-4

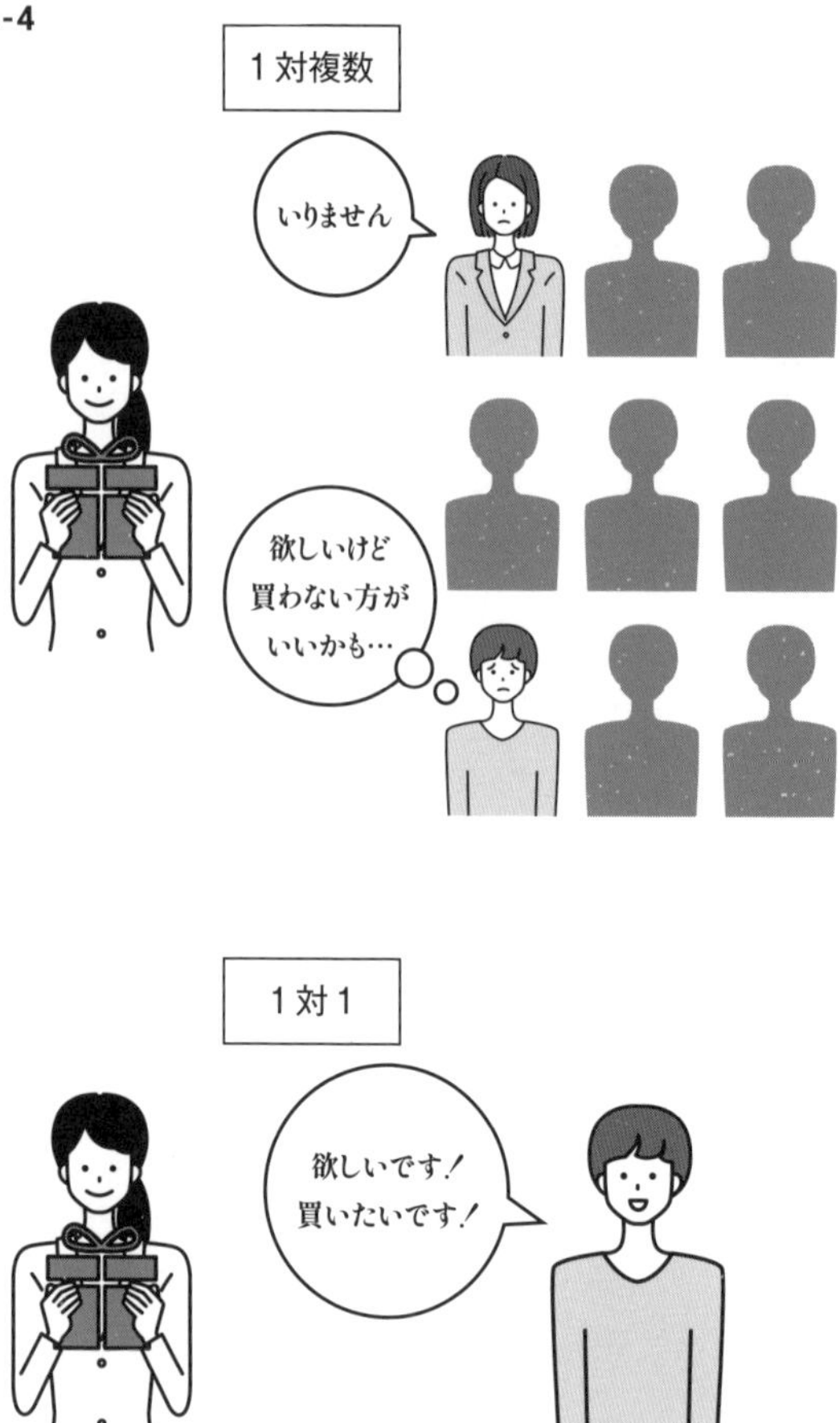
1対複数
いりません
欲しいけど
買わない方が
いいかも…
1対1
欲しいです！
買いたいです！

より特別感を感じやすい

たとえば、1対複数の場で限定価格を提示したとします。

しかし、それは複数の場なので「みんな同じ価格」になり、限定性を感じにくくなってしまいかねません。

仮に、一対一の場で限定価格提示すれば、相手は「自分だけのための限定価格」と感じ、特別感を感じやすくなります。

1対1の場で相手に思いっきり向き合い、その相手だけのために時間を使い、そしてプロポーズしましょう。成約率が大幅に高まります。

5　全力でより良い未来へ導く

「無料や安価だから、あまり情報を出しすぎない方がいいですよね？」と聞かれることがありますが、これは大きな間違いです。

最初から全力、いつでも全力、無料、安価は関係なく、最初から最後まで全力です。

情報も出せるだけ出してください。

もちろん、時間によってすべてを提供するのが難しいから、金額や内容が変わってくるのですが、まず一番最初に相手からの信頼を得ることができなければ、次はないのです。

相手が、あなたから購入を決める時は「いいものだろう」という信頼だけで買ってくれます。

当然ですよね。

まだ購入してないし、利用したり味わったりしていないのですから。内心は、まだ不安があります。

ハズレじゃないか、うまく言いくるめられているのではないか、とドキドキしながら、それでも最終的には「よし！　信頼する」と決めて購入します。

だからこそ、無料や安価だからといって、手を抜いたり出し惜しみしてはいけないのです。

顧客の不安を低減させる方法として、リスクリバーサルという方法があります。

リスク＝危険な可能性

リバーサル＝反転

顧客のリスクを反転させて、商品・サービス提供側がリスクを背負うことを指します。

リスクリバーサルの中でも、代表的な２つの手法をご紹介します。

全額返金保証

先払いなのですが『何か不具合や不備があれば、全額返金いたします』という手法です。

たとえば、私のある講座では、「ご満足いただかなければ、いかなる理由であっても全額返金します」とお伝えしています。

手法というより、覚悟ですね。

全力で、よりよい未来に導くという覚悟があるからこそ、それが顧客にも伝わり成約率も上がるし、顧客の本気度も上がり、成果に結びつきやすくなります。

無料返品保証

最初からお金を払うことなく無料で利用して、よかったら購入してもらうという手法です。

たとえば、私は20代の時に補聴器販売会社に勤めていたのですが、当時でもデジタルの補聴器だと、片耳だけでも数万から数十万円、最高級だと50万円を超えるものもありました。

人の耳の形はそれぞれ違うので、毎回耳の形をとり、その人に合わせたオリジナルな形の補聴器を提供していました。

無料で2週間ほど貸し出し、よければ買っていただき、あまり合わなければ返品してもらうように対応していましたが、非常に高い購入率でした。

図6-5

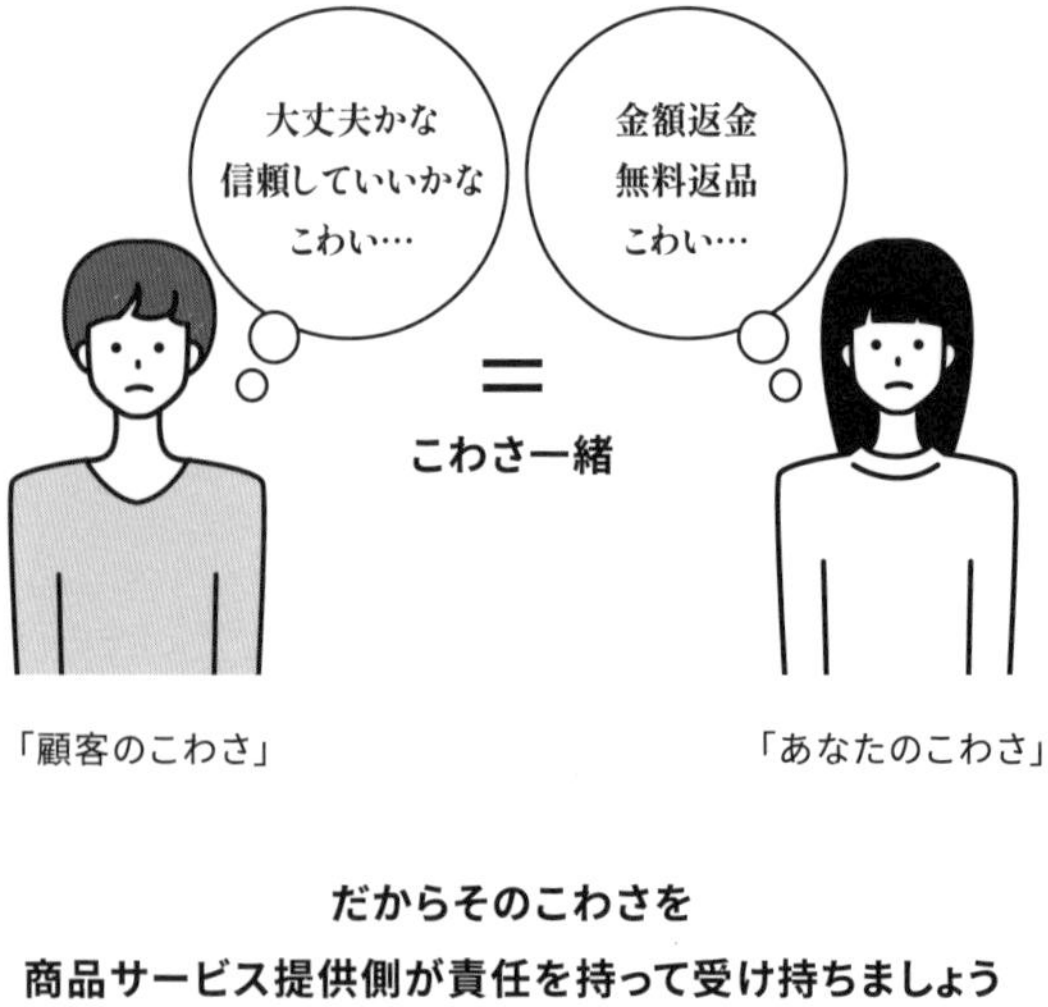
大丈夫かな
信頼していいかな
こわい…
金額返金
無料返品
こわい…
＝
こわさ一緒
「顧客のこわさ」
「あなたのこわさ」
だからそのこわさを
商品サービス提供側が責任を持って受け持ちましょう

リスクリバーサルについて、こんな相談をされます。

「リスクリバーサルの重要性はわかったのですが、全額返金や無料返品受付は怖いです」

そうですよね、怖いですよね。その怖さは、顧客が買う時に感じている怖さと同じです。

だからこそ、その怖さを商品サービス提供側であるあなたが引き受けることにより、リスクがなくなるからこそ、顧客は安心してあなたの商品サービスをすんなり購入するようになるのです。

無料でも安価でも全力で対応し、リスクリバーサルを取り入れて、より顧客の安心と信頼を得て、顧客の望むよりよい未来へ導いていきましょう。

6　50万円以上でも成約率50％超えを可能にする方法

50万円以上の高単価な商品・サービスの場合、成約率はどれくらいがベストでしょうか？

もちろん、成約率が高いにこしたことはありません。

成約率は最低でも、50％以上を目指してください。

今まで数多くの方をサポートしてきた中で、「50万円以上の高単価商品サービスで成約率50％以上は難しい」という声をよく聞きます。

高単価商品サービスを提案する際には、顧客はあなたの商品・サービスを、買いたがっています。

フリーエンド、フロントエンド、ミドルエンドと興味関心があり、購入してきているのですから、バックエンドも欲しがっています。

自信をもって提供してください。

ただ、顧客が「何か」ハードルになっていて、購入まで決断できない場合もあります。

その「何か」がわかりさえすれば、その「何か」を解決できる提案をすることができ、成約率を一気に引き上げることができます。

この最後に購入を妨げる「何か」を引き出す質問があり、これを私はクリティカルクロージングと名付けています。

クリティカルクロージングは、こんなシンプルな質問です。

「後、何が解決すると、スッキリして、よしやろう！（よし買おう）と前に進めますか？」

このシンプルな質問には、多くのメリットが含まれています。

・顧客の本音を引き出せる
・顧客の問題解決をするメンターとなれる
・「スッキリ」というワードで、課題解決した後のよい状態をイメージできる
・「よし」「前に進める」というワードも、ポジティブな未来をイメージできる
・ハードルになっている課題がすべて引き出せる

などです。

すでにビジネスをしている人であれば、次のような経験が何度もあると思います。好感触で、信頼も得ているからこそ心を込めて提案し、手応えもよかったのに「検討します」と言われて、そのまま連絡がなく、買われないという経験を。

このシンプルだけれど、非常に強力な質問、クリティカルクロージングをすることで、解

決できます。

必ず最後にこの質問をしましょう。

図6-6

50万円以上でも成約率50%超えを可能にする
クリティカルクロージング
後、何が解決すると、
スッキリして、
よしやろう！(よし買おう)
と前に進めますか？

手応えがよく、おそらく買ってくれるだろうと思っていたとしても、このクリティカルクロージングを行なってください。

成約率が驚くほど上がります。

もう一度大

事なのでお伝えしますね。

顧客はあなたの商品・サービスを買いたがっています。

ですが、「何か」があるので買えないのです。

買いたいのに。

その「何か」を最後に必ず引き出すようにして、解決してあげて、あなたの商品・サービスで顧客をよりよい未来に導いてください。

7 実績がなくても買ってもらえる方法

新しい商品やサービスをつくった際にぶつかる問題。

もしくは起業したての人や、これから起業する人もぶつかる問題。

それは、〝実績がない〟ということです。

いいものだろうと自信を持っていても、思いっきり向き合い全力でよいものを提供しようとしていても、「実績は？」の質問ひとつで、何もできなくなってしまいます。

実績をつくるため、そして商品サービスをよりよくするために、モニター募集があります。

モニターを募集して、試しに利用してもらい、その声を実績として使わせてもらうのです。

このモニター募集で気をつけていただきたいことは、「無料モニター募集しないように」ということです。

無料モニター募集をしない方がよい理由を2つお伝えします。

顧客が本気にならない

無料だと、顧客側が本気で向き合わないことが多いのです。

あなたもこんな経験はないでしょうか。

「無料だから参加しなくていいや」

「無料だから後まわしでいいや」

となり、結局その商品・サービスを有効活用できなかったことがないでしょうか。

事実、私が提供する講座を無料で開催した時と有料で開催した時があったのですが、まったく同じ内容なのに、ドタキャン率がすごく変わり、アンケートの満足度も変わってきます。

有料の方が、よい結果になるのです。

あなたも本気にならない

「そんなことはない！　私は無料でも本気だし、よいものを提供している！」と思われるかもしれませんが、そうなのであれば、やはり有料にしてみてはどうでしょうか？

無料でも安くするわけでもなく、正規の価格で提供して、その価格での緊張感や覚悟をもって数をこなすので、成長スピードも高まるのです。

少なくとも、あなたが自分の本気度はコントロールできたとしても、顧客側の本気度はあなたが完璧にコントロールできることではありません。

お互いが本気にならない、もしくは片方だけしか本気にならないモニターは、本来の目的をはたすことができません。

では、モニター募集するときにはどうすればいいのでしょうか？

私のクライアントから、モニター募集の相談を受けた際には、「正規の金額か、割引しても半額までとしてください」とお伝えしています。

そして、このクリティカルワードを言うようにお伝えしています。

「私の初めての成功事例になってください」

図6-7

実績がなくても有料で買ってもらえる

クリティカルワード

このように相手に伝えることで、実績がなくても買ってもらことができます。

あなたの本気度は伝わるし、相手も本気で向き合ってくれるからこそ、本来の目的である「実績をつくるため、そして商品サービスをよりよくするため」につながるのです。

実績がなくても

買ってもらえるこのクリティカルワードを使って、無料ではなく、本気の有料モニターを実施し、一気に実績をつくりましょう。

8　濃いファンの増やし方

ただの顧客が増えるだけではなくて、濃いファンが増えていったらもっとよいですよね。

ここでは、濃いファンを増やすためにもっとも重要な3つの考え方をお伝えします。

ブランドプロミス

ブランドとは約束だ！　という人もいるくらい、ブランドプロミスは大事な考え方です。

顧客に対して、あなたがする約束のことです。

たとえば、大手ブランドの例でいうと、このブランドプロミスを破ってしまったおかげで大きな損失をこうむった、マクドナルドがあります。

２０１４と２０１５年、マクドナルドは、例年からは考えられないくらいの大幅な赤字でした。２０１４年12月期には、連結純損益が２１８億円で大赤字。２０１５年12月期には、連結純損益が３４７億円で大赤字。２期連続の赤字で、２００１年の株式上場以降最大の赤字でした。

この自体に陥った原因が、まさしくブランドプロミスを破ってしまったためでした。使用期限切れの鶏肉が利用されていて、さらに不衛生な取り扱いだったため、それが各種メディアに取り上げられ、SNSでも拡散されたことで一気に悪いイメージが市場にひろがり、市場のマクドナルド離れが起きます。かなり年月がたった今でも、記憶に新しいのではないでしょうか。

築城10年落城1日。

何があっても、ブランドプロミスを破ってはいけません。

期待値とイコールか期待値を超える満足度

顧客の満足度は、どのようにして決まるのでしょうか。

それは、元々期待していた期待値と、購入後の実体験が伴って、満足度が決まるのです。いくらクオリティが高くても、購入前の期待値より下がってしまうと、満足度が落ちてしまうのです。

最低でも、購入前の期待値と購入後の経験値をイコールにしておかなければなりません。

そのためにも、やはり常に本気で向き合うことが必要なのです。

図6-8

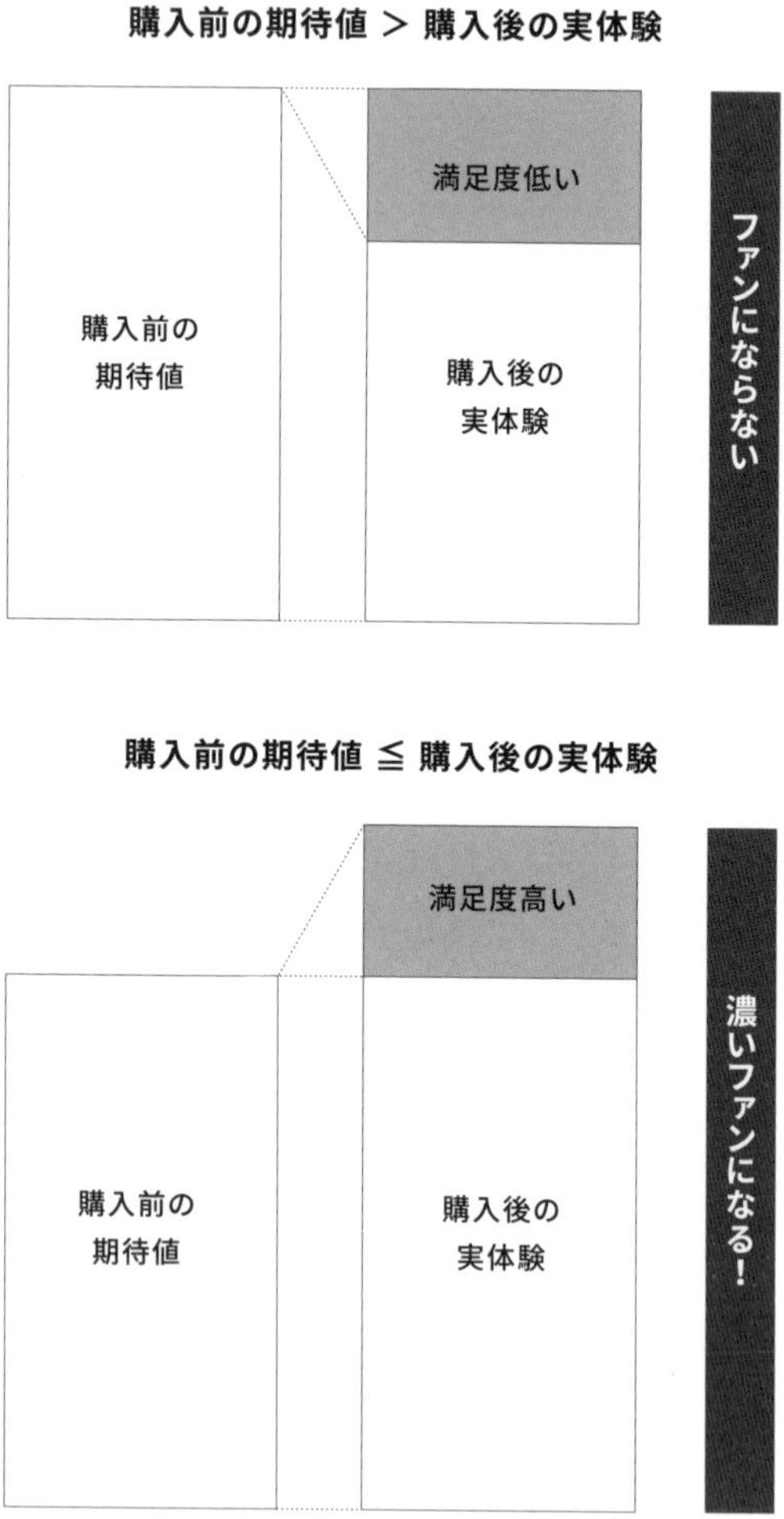

購入前の期待値 ＞ 購入後の実体験
満足度低い
購入前の
期待値
購入後の
実体験
ファンにならない
購入前の期待値 ≦ 購入後の実体験
満足度高い
購入前の
期待値
購入後の
実体験
濃いファンになる！

本気で向き合っているのが当たり前になれば、クオリティに差は出ません。

本気で向き合うことを習慣化し、顧客満足度を維持し、もしくは顧客満足度を上げて濃いファンを増やしていきましょう。

共感

濃いファンを増やすために必要なもうひとつの考え方が、共感です。

あなたの顧客と一緒に悩んで、一緒に挑戦して、一緒に乗り越えて、一緒に喜んで、顧客への共感をあなたがすることで、顧客もあなたに共感します。

そして、濃いファンになっていくのです。

常に共感しましょう。SNSでいえば、いいね！　とかシェアですね。

まずは、あなたから市場や顧客に共感を示すことが大事です。

そうすることで、市場や顧客もあなたの共感を受け入れ、気になるようになり、共感し始めて、濃いファンとなっていくのです。


ブランドプロミス、期待値とイコールか期待値を超える満足度、共感の３つを意識して、濃いファンを増やしていきましょう。

9 熱狂的なファンが着実に増えていく方法

熱狂的なファンのことを、レイヴィングファンというのでしたね。

このレイヴィングファンを着実に増やしていく方法は、ずばりアフターフォローです。

接点回数と接触時間が増えれば増えるほど、あなたへの信頼が上がっていきます。あなたへの愛着心が高まっていくのです。

熱狂的なファンが着実に増えていく、アフターフォロー5つの方法をお伝えします。

①紙のニュースレター

ネット社会だからこそ、あえて紙です。紙のニュースレターを、顧客に定期的に送りましょう。

あなたの業界の最新情報をまとめて送ったり、社内の雰囲気が伝わるように、スタッフ紹介などもいいでしょう。

たとえば、私の会社でも、隔月で紙のニュースレターを発行していています。

名前は、クサマガジン。私の名前をもじっています。

「紙だからいいよね。紙だから読むんだよね」と言われることが多く、顧客との接点として大事なものです。

②記念日

お客様感謝デーをつくったり、定期的な記念日をつくりましょう。

たとえば、私がコンサルティングしている焼肉屋さんでは、毎月29日は肉の日でキャンペーンを行ないます。

これはまあよくある話なのですが、月にもう1回お客様に喜ばれるキャンペーンの日が欲しいよねということで、14日15日を肉の日ハーフデーとして、毎月品を買えて1皿半額キャンペーンを行なっています。

なぜ、14日15日を肉の日ハーフデーとしているかというと、29を2で割っていただくとわかると思います。

このように、どんな理由でもかまわないので記念日にして、お客様と定期的に連絡でき、そして喜ばれる日をつくりましょう。

③カスタマーサクセス動画

字のごとく、顧客の成功動画を指します。

5章2項でご紹介したように、顧客成功談インタビュー動画をつくり、それを定期的に新しい顧客に紹介しましょう。

同じように成果を出すために、顧客もさらにあなたの商品サービスに向き合い、またよい結果に結びつきやすくなります。

もちろん、新規の集客のために使っていただいてもかまいません。

何度でも、何人でも、カスタマーサクセス動画を用意して増やしていきましょう。

④直筆の手紙、もしくは直筆風の手紙

顧客に購入いただいたら、すぐにお礼の手紙を出しましょう。1通1通直筆が最強ですが、数が多くなってどうしてもそこまでは手が回らないという場合は、直筆風の手紙でも大丈夫です。

たとえば、うちの会社でドッグフードを販売していたことがありました。

直筆で書いた手紙を、再度プリントアウトして、1通1通直筆〝風〟にして送っていたのですが、「いつも、わざわざ直筆でお手紙ありがとうございます」と電話でお礼の連絡をくれる顧客が多く、担当者が笑いながら、そして喜びながら直筆〝風〟であることを説明し、そして近況を聞きながらアフターフォローを行なっていました。

⑤よくある質問

よくある質問は、定期的にコンテンツとして発信するとよいでしょう。

あなたにはよくある質問でも、顧客からするとよくわからない質問なのです。

定期的に、「このような質問が多いですが、当てはまっていませんか？　お役に立てませんか？　困っていませんか？」と連絡することで、顧客は見守ってもらっているように感じ、あなたへの信頼感が上がり続け、熱狂的なファンが着実に増えていきます。

この5つの方法で、熱狂的なファンを着実に増やしていきましょう。

ここで紹介した事例を、ダウンロードして活用したり、動画として見られるようにしておきますので、これも巻末のＱＲコードからご覧ください。

10　サブスクは最後！　サブスクで成功する順番

月額課金や定額制で契約するサービスのサブスクがあなたのビジネスを安定させるのですが、逆にあなたのビジネスが苦しくなる可能性があるのも、サブスクです。

サブスクは、もちろんとてもいいビジネスモデルなのですが、１０００人以上のビジネスパーソンや企業に関わってきて、起業初期段階でサブスクを取り入れてうまくいかないパターンを数多く見てきています。

たとえば、有料サロンは特にわかりやすい例なのですが、月に数百円から数千円の有料サロンが多く、仮に月に3000円課金する有料サロンであれば、100人集まると月に30万円の売上げになります。

100人を集めるのもたいへんですが、やめないように100人に対してサービスを継続していくのはもっとたいへんです。

とうてい1人では成り立たないので、誰かを雇ったり、共同で運営したりすることで運営が可能になるのですが、当然売上げを分配したり、人件費がかかるので利益も減ります。

ビジネスがまだうまくいっていない人にとって、サブスクを効果的に取り入れていく流れを3ステップでまとめます。

ステップ1

まずは、FFMBモデルを徹底して構築してください。

サブスクは、ミドルエンドやバックエンドにあたります。

数百円や数千円で、フロントエンド感覚で考えないようにしましょう。

ステップ2

最低でも1万円以上の価格にしていきましょう。そうしないと、持続可能なサブスクにならないことが多いからです。

図6-10

サブスクを効果的に取り入れる3ステップ
STEP 1
FFMBモデルの徹底
STEP 2
1万円以上
2万〜30万プランも用意
STEP 3
継続率が一番大事
思いっきり向き合う

2万、3万、5万、10万、30万というプランも考えておきましょう。

たとえば、中小企業の会社顧問のだいだいの相場が30万円くらいです。

もちろん、これも業種業態、会社規模によって変わってくるのですが、もし30万円の顧問契約であれば、毎月4社を見れば、月１００万レシピ達成です。

ステップ3

サブスクで一番大事になるのが、継続率です。

だから、いきなりサブスクではなく、ＦＦＭＢモデルで信頼を得た上で、サブスクを提供するのです。

あなたが、思いっきり顧客に向き合いサービスを続けることで、顧客からあなたへの信頼が上がり、顧客はあなたから離れたくなくなります。

そうすると顧客の方から、「もうこれで終わりなんですか？　他に何かサポートしてもらえるサービスはないのですか？」と聞かれることが多くなるので、そこでサブスクを提供すれば、継続率が高いサブスクのできあがりです。

ファン化とサブスクで月１００万、２００万、３００万と増やし続け、より多くの顧客に愛されるビジネスを実現していきましょう。

11　ファンが倍増する最後の１分トーク

一番最後に、とっておきの秘技をお伝えします。

ファンが倍増する、最後の隠し玉となるトーク手法です。

この手法を、ペップトーク（pep talk）と言います。

「pep」は元気に、とか活力があるといった意味で、顧客のやる気や集中力を引き出すためのトークスキルです。

顧客の望むよりよい未来に導いていくために、モチベーションを一気に引き上げ、最後のひと押しをして、最高な状態で行動に移してもらうのがこのペップトークです。

ペップトークについては、さまざまな流れやステップがありますが、草間流にカスタマイズした、シンプルだけれど、非常に強力なペップトークを5ステップでお伝えします。

【ステップ1】注目：注目を集める

まずは相手の注目を集めます。

「ちょっと真剣に聞いて」、「私の目をまっすぐ見て」、「1分だけちょうだい」など、一気に注目を集める言葉で、場の空気を変えます。

【ステップ2】共感：共感を得る

相手の承認を得たり、共感部分を伝えることで、相手と自分を同じ感情にもっていきます。

「私たち、こんなに頑張ってきたよね」「こんなことがあったよね」「つらかったよね」など、相手のことを承認したり、共感することで一体感が生まれます。

【ステップ3】焦点：焦点を合わせる

今、何に焦点を当てるのか、相手と自分が見ている方向を一致させます。

「ここからは行動に移すときだ」、「周りは気にしなくていい」、「あなたが主役だ」など、注目、共感をしてきたからこそ、ここで相手との焦点を合わせます。

【ステップ4】指示：この1つをやる

これさえやればいいんだ、という行動指示を、端的にひとつだけ伝えます。

図6-11

ファンが倍増する最後の1分ペップトーク

注目	注目を集める
共感	共感を得る
焦点	焦点を合わせる
指示	この1つをやる
激励	最後に勢いをつける

「おわりに」で
私からの最後の
メッセージを
受け取ってください

「たった1つだけ、背筋を伸ばそう」「毎朝の習慣さえ続ければ達成できる」など、複数のことだと力が分散されてしまうだけなので、たった1つ、これだけやればいいことを伝えます。

【ステップ5】激励：最後に勢いをつける

最後に激励をして、相手の背中を押し、勢いをつけます。

「必ずできるんだ！」「絶対にうまくいく！」「ここがチャンスだ！」など、その人にふさわしい言葉を投げかけ、相手を送り出します。

このステップ1からステップ5のペップトークの流れで、顧客を鼓舞してください。

顧客は、よい状態で次の一歩を進んでいくことができるはずです。

その一歩が、顧客の望む未来への第一歩になっていくのです。

それでは、最後に。

私からあなたへのペップトークで、締めくくりたいと思います。

おわりにへ、進んでください。

そこで私からあなたへ最後のメッセージを残しておきます。

おわりに

実は、最後まで秘密にしていようと思ったのですが、

「私はブランディングの人なのに、〝稼ぐ〟がテーマでいいのだろうか」

こんな葛藤を抱えながら、この本を書きました。


でも今は、一切葛藤がありません。

この本を多くの人にお届けしたいと思っています。


なぜなら、稼ぐことは、言い換えると〝愛〟の提供であり、その対価なんですよね。

誰かの課題解決や欲求を満たし、愛情を込めて価値提供をし、その結果が対価、つまり稼ぎとして返ってくる。

たくさん稼ぐということは、たくさんの〝愛〟を提供しているということです。


本書も愛情をたっぷりかけながら、書かせていただきました。

月100万レシピ通りに進めて、多くの人に愛を届けていきましょう。

あなたがあなたの一番のレイヴィングファン

私たちは、これからも数多くの困難にぶつかります。

残念ながら、困難がないビジネスというのはこの世の中には存在しません。

困難に立ち向かいながら、少し弱ってきた時に、自分に価値がないのではないだろうか？

という自分自身への疑いが発生します。

これが一番の大きな敵です。


だから、最後にひとつだけ約束してほしいこと。

それは、恐れが出てきても自分自身への信頼を自分でかき消さないでください。

あなたが、あなたの一番のレイヴィングファンです。

誰よりも自分自身を信じて、応援してあげましょう。

2番めのレイヴィングファンがメンター

「メンター」とは、日本語に訳すと「助言者」や「相談者」といった意味です。

先に経験している人の智慧は、幸せなビジネスのために有益に働きます。

なんでも1人で解決しようとするのではなく、愛と勇気を与えてくれるメンターに、頼れることはどんどん頼りましょう。

メンターがいるのといないのとでは、ビジネス加速スピードがまったく変わってきます。


私も、あなたに愛と勇気を提供するメンターになる気まんまんです。

本書で、私との相性を感じていただけたら、思いっきり頼ってくださいね。


それでは、最後に。

第6章11項でも書いたように、ペップトークで締めくくります。

草間から最後のメッセージ

これがラストメッセージ。

1分でいいので本気で向き合ってほしい。


人に称えられる人は、必ずひたむきに努力を重ねている。

諦めずに挑戦し、継続している。
常に成長することに集中し、継続している。

重要なのは、挑戦し、成長にフォーカスすること。
あなたの挑戦が、今まだ見ぬ、将来の顧客、今現在困っている顧客の助けになる。

まずは最初の一歩。そして次の一歩。
一歩を踏み出さない限り、成功は絶対に訪れない。
残念ながらずっと訪れない。

あなたの情熱は勇気を生み出し、その勇気が不安を取り払い、やがてあなたとみんなに成功をもたらす。

この本を手にした時点で、あなたはもう情熱を持っている。
その情熱で一歩踏み出そう。
その踏み出す一歩を毎日続けよう。

挑戦へのフォーカスはもうできたよね。

さあ、いこうか！

おわりに

本書で紹介している

ワークシート	動画セミナー
インタビュー動画	参考事例

これら全てが、このQRコードから

LINE公式にご登録いただくことで、見れるようになります。

本書と合わせてご活用ください。

【参考文献】

『創造する経営者』（ピーター・F・ドラッカー・著、上田惇生・訳、ダイヤモンド社）
『経営12カ条 経営者として貫くべきこと』（稲盛和夫・著、日本経済新聞出版）
『イノベーションのジレンマ増補改訂版（Harvard Business School Press）』（クレイトン・クリステンセン・著、玉田俊平太・監修、伊豆原弓・訳、翔泳社）
『ウォルト・ディズニー 創造と冒険の生涯 完全復刻版』（ボブ・トマス・著、玉置悦子、能登路雅子・訳、講談社）
『イノベーションの普及』（エベレット・ロジャーズ・著、翔泳社）
『「A4」1枚アンケートで利益を5倍にする方法』（岡本達彦・著、ダイヤモンド社）
『キャズム』（ジェフリー・ムーア・著、川又政治・訳、翔泳社）
『USPユニーク・セリング・プロポジション 売上に直結させる絶対不変の法則』（ロッサー・リーブス・著、近藤隆文・訳、加藤洋一・監訳、海と月社）
『恐怖のパラドックス～安心感への執着が恐怖心を生む～』（フランク・ファランダ・著、清水寛之、井上智義・監修、ニュートンプレス）
『7つの習慣―成功には原則があった！』スティーブン・R・コヴィー・著、ジェームス・スキナー、川西茂・訳、キングベアー出版）
『時間がなくてもやりたいことがすぐに叶う！CITTA式 人生が輝く手帳タイム』（青木千草・著、KADOKAWA）
『コトラーのマーケティング4.0 スマートフォン時代の究極法則』（フィリップ・コトラー、ヘルマワン・カルタジャヤ、イワン・セティアワン・著、藤井清美・訳、恩藏直人・監訳、朝日新聞出版）
『たった1分で相手をやる気にさせる話術 ペップトーク』（浦上大輔・著、フォレスト出版）
『自分1人、1日でできる パーソナルブランディング』（草間淳哉・著、同文館出版）

【著者略歴】

草間 淳哉（くさま・じゅんや）

株式会社ウェブエイト 代表取締役社長。
株式会社ヴィンテージストック ファウンダー。
清泉女学院短期大学 非常勤講師。
FM-NAGANO ナガブロ放送局メインパーソナリティ。
セミナーズ シニアトレーナー。
一般財団法人ブランド・マネージャー認定協会認定トレーナー。

集客で悩み続ける起業家のための
安定して稼ぎ続ける「月100万レシピ」

初版　1刷発行　●2023年　6月　15日

著　者
草間 淳哉

発行者
薗部 良徳

発行所
㈱産学社
〒101-0051 東京都千代田区神田神保町3-10　宝栄ビル
Tel.03（6272）9313　Fax.03（3515）3660
http://sangakusha.jp/

印刷所
㈱ティーケー出版印刷

ISBN978-4-7825-3584-4 C2034